도덕지능 수업

함께 사는 세상에서
존경받는 사람으로 사는 법

도덕지능 수업
MORAL INTELLIGENCE

박형빈 지음

한언

한 아이를 키우는 데는 온 마을이 필요하다.

— 아프리카 속담

"자녀가 어떻게 자라길 희망하시나요?"라는 질문을 받으면, 부모는 어떻게 대답할까? 아마 부모라면 모두 자녀가 행복한 삶을 살기를 원한다고 대답할 것이다. 나 또한, 부모로서 내 아이가 진정으로 행복한 인생을 살아가길 간절히 바란다. 그런데 '진정으로 행복한 삶'이란 어떤 삶일까? 행복한 삶의 기준은 연령, 지역, 교육, 역사와 같은 삶의 맥락과 환경에 따라 다양하겠지만, 많은 사람이 공통으로 행복의 기준이라고 생각하는 요소는 어느 정도 일정하다. 예를 들어, 시대와 장소에 관계없이 일반 사람이 생각하는 '진정으로 행복한 삶'은 안정적인 의식주, 정치·사회적 박해의 부재, 일정 수준 이상의 교육 등의 요건을 포함한다. 즉, 아이들이

'진정으로 행복한 삶'을 살기 위해서는 기본적인 교육, 경제, 정치, 사회, 문화적인 환경이 뒷받침되어야 한다.

그런데 여기서 행복한 삶의 기본 요건이 개인의 외적 측면에만 국한된 것인지 생각해 보아야 한다. 아이가 자랄 때 외적인 성장 뿐만 아니라 내적인 성장도 중요하다. 어떤 사람이 아무리 대외적으로 성공한 인생을 살고 있더라도, 자기중심적이고 이기적인 성향을 띠거나 자신의 삶에 주어진 행복 요소들을 전혀 알지 못하고 살아간다면, 그가 행복한 삶을 살고 있다고 말하기 어렵다. 따라서 행복한 삶에는 반드시 내적 차원의 건전성이 요구된다. 구체적으로는, 인격과 도덕적 가치의 발달, 건전한 사회성과 대인관계의 형성, 학업 성취와 창의성의 발휘, 자기 계발과 자아실현 등이 이에 해당한다. 아무리 높은 지위와 명예, 그리고 많은 부를 지닌 사람이라도, 내적으로 건강하지 않거나 바람직한 인격을 형성하지 못한다면, 행복한 인생을 누리기 어렵다.

아리스토텔레스는 『니코마코스 윤리학』에서 행복은 단순히 운이나 즐거움이 아니라 '의미 있는 삶'을 추구하는 것이라고 정의한다. 그는 인간의 가장 행복한 상태를 에우다이모니아Eudaimonia로 보았다. 에우다이모니아는 일반적으로 '행복' 또는 '번영'으로 번역되는 고대 그리스 용어로, 아리스토텔레스는 이를 덕 있는 삶을 살고 자신의 잠재력을 실현함으로써 달성할 수 있는 웰빙 상태로 정의했다. 그리고 이것은 삶의 궁극적인 목표로, 지혜, 용기, 정의, 우정과 같은 덕목을 발전시킴으로써 형성할 수 있다고 보았다. 도덕적 가치를 내면화하고 올바른 인격을 형성하는 것은 행복한 삶을 누리기 위한 기본 전제 조건이다.

도덕은 개인의 삶에 의미를 부여하고, 다른 이들과 올바른 관계를 형성하게 하며, 자아실현을 가능하게 하고, 내적인 안정감을 갖게 한다. 도덕적 성장은 도덕적 관점에서 합리적이고 이성적으로 사고하는 도덕적 판단의 성장, 그리고 공감하고 배려하며 연민하는 도덕적 정서의 성장을 모두 포괄한다. 따라서 학습 능력을 의미하는 지능이 높다고 해서 도덕적 인성이 올바르다고 할 수 없다. 즉, 지능의 발달과 도덕적 성숙은 별개의 문제다. 도덕적 차원에서 높은 발달을 이룬 사람은 단지 지능이 높다기보다 '도덕지능'이 높다고 할 수 있다. 이 개념에 대해 1장에서 전문적이고 상세하게 다루겠지만, 도덕지능의 발달은 자기 성찰, 도덕적인 문제 해결, 타인과의 관계 구축, 건전한 정신 건강, 적절한 자기 통제 및 조절 등 인간의 삶에서 요구되는 다양한 차원을 포함하는 개념이다.

도덕지능은 수학 공식을 암기하거나 분석하고 해석하는 능력과는 다른 차원이다. 도덕지능의 개념에 대해 연구자마다 다소 상이한 의견을 보이지만, 직관적으로 도덕지능은 올바른 선택과 행동을 하는 능력, 그리고 적절한 도덕적 정서를 지니고 이를 발휘하는 능력을 말한다. 이것은 단순히 어떤 문제를 풀고 암기하며 추론함으로써 기를 수 있는 것이 아니다. 아리스토텔레스는 '어렸을 때부터 지속적으로 마땅히 기뻐해야 할 것에 기뻐하고, 마땅히 괴로워해야 할 것에 괴로워하도록 하는 방식으로 길러져야만 한다. 이것이야말로 올바른 교육이다.'라고 강조했다. 우리는 아이들이 어떤 방식으로 '길러져야만 한다'는 데 주목할 필요가 있다. 아이들을 올바른 방향으로 기른다는 것은 교육의 방향과 필요성에 관한 이야기이다. 아이들의 도덕지능을 높이기 위해서는 의도적이고 계획적이며 장기간의 교육적인 노력이 필요하다. 교사와 부모들은 아이들이 도덕적 행동을 습관화하여 도덕적 성품을 기르도록 지도해야 한다. 아이들의 도덕지능은 '저절로' 그리고 '스스로' 발달하지 않는다. 우리에게는 잘 만들어진 가이드라인과 텍스트가 필요하다.

어떻게 아이들을 도덕지능이 높은 아이로 자라게 할 수 있을까? 다양한 방법이 있겠지만, 그중에서도 문학 작품은 매우 훌륭하며 바람직한 교육 자료이다. 독자들은 문학 작품을 통해 자신이 아닌 타인의 입장과 처지에 서 볼 수 있다. 이 책은 아이들의 도덕지능 향상을 위한 기본 텍스트로, 가정과 학교에서 가치 있게 활용되기를 바라며 집필했다. 따라서 여러 가지 문학 작품을 활용해 도덕지능을 높일 수 있도록 구성했다. 또한 에피소드를 읽고 함께 생각해 볼 만한 질문들을 제시하였다.

이 책은 크게 1부와 2부로 구성된다. 1부에서는 도덕지능의 필요성과 개념, 구성 요소를 살펴본다. 2부는 국내외 명작 동화 및 소설의 일부를 각색하거나 저자가 창작한 에피소드로 구성했다. 이를 통해 아이들이 에피소드 속 등장인물이 되어 다양한 상황을 간접 경험할 수 있도록 했다. 에피소드는 아이들의 눈높이에 맞추었으며, 최대한 원작의 중심 아이디어를 해치지 않는 범위에서 각색했다. 때로 원작을 모티브로 오늘날에 맞게 다시 쓰거나 새로운 에피소드를 창작하기도 했다.

에피소드는 도덕지능의 구성 덕목과 역량을 아이들이 실제로 내면화할 수 있도록 썼다. 글을 읽고 여러 가지 생각해 볼 만한 질문에 답하면서 등장인물의 입장에 공감하거나 자신의 모습을 돌아볼 수 있게 했다. 이런 활동을 통해 이성적 차원뿐만 아니라 정서적 차원에서도 도덕지능을 높일 수 있도록 했다. 이 책은 아이들이 도덕지능에 대해 제대로 알고, 도덕지능을 높이는 연습을 할 수 있도록 다음과 같이 구성했다.

첫째, 도덕지능이 무엇이며, 우리의 삶에서 얼마나 중요한지 살펴본다.

둘째, 에피소드 속 등장인물의 삶의 현장을 들여다보고, 감정이입과 역지사지, 조망수용 능력을 개발한다.

셋째, 에피소드 속 인물이 처한 상황에 몰입하며 책임, 존중, 정직, 배려 등의 덕목을 체화한다.

넷째, '함께 생각해 봐요'에 제시된 질문을 통해 다른 사람의 입장에 서 보고, 도덕적으로 사고하는 방법을 훈련한다.

다섯째, 마지막 '메타인지를 높여 봐요'에서는 해당 주제를 더욱 폭넓고 깊이 있게 사고하며, 성찰하고 반성하는 힘을 기른다.

아이들은 에피소드를 읽으며 타인의 입장에 공감하고 감정 이입을 경험하며 진정한 연민을 느낄 수 있을 것이다. 또한 교사와 부모들은 이 책을 통해 어떻게 아이들을 도덕지능이 높은 아이로 키울 것인가에 대한 가이드라인을 얻을 것이다. 이 책을 수업이나 자녀 지도에 활용해 보기를 권한다. 이 책이 행복한 삶을 살아가길 희망하는 모든 아이들, 그리고 아이들의 도덕지능을 높이고 싶은 부모와 교사에게 도움이 되길 바란다. 마지막으로 이 책을 만들기 위해 애쓰신 한언출판사 관계자들께도 감사의 마음을 전한다.

서초동에서
박형빈

존경하는 부모님과 선생님께,

현대 사회는 기술의 급격한 발전으로 인공지능AI이 주도하는 시대로 진입했습니다. 인공지능 로봇, 반도체, 나노 기술, 이차 전지 산업 등의 혁신적인 변화는 우리 삶을 근본적으로 바꾸고 있으며, 거의 모든 산업 분야에 영향을 미치고 있습니다. 자율주행 자동차, 스마트 가전제품, 인공지능 비서의 등장은 생활의 편의성과 효율성을 크게 높였습니다. 스마트폰과 인터넷의 보급으로 우리는 언제, 어디서나 정보에 접근하고 전 세계 사람들과 소통할 수 있게 됐습니다. 아이들의 삶도 예외는 아닙니다. 최근 등장한 ChatGPT, Bard, Bing과 같은 챗봇은 점차 아이들의 대화 상대가 되고 있으며, 심지어 이를 악용해 부정 행위를 저지르는 사례도 보고되고 있습니다. 특히 개인정보 침해나 알고리즘의 편향성 등 인공지능과 관련된 윤리적 문제가 발생하고 있으며, 점차 심각해

지고 있습니다.

인공지능 시대에 우리는 아이들을 어떻게 양육하고 교육해야할까요? 미래를 대비하여 아이들이 일찍부터 컴퓨터 과학, 프로그래밍 기술, 데이터 분석, 기계 학습, 인공지능 알고리즘 등을 배워야 한다고 강조하기도 합니다. 하지만 더욱 중요한 것은 협업, 인공지능 윤리, 창의적 문제 해결과 같은 인간적이고 윤리적인 측면입니다. 기술 발전이 불러올 수 있는 문제를 바로 보고, 해결책을 찾는 과제가 바로 우리 아이들에게 주어져 있기 때문입니다.

따라서 시대 변화 속에서도 여전히 사랑, 지혜와 같은 가치를 강조하여 아이들을 교육하는 것이 중요합니다. 아이들에게 도덕적 가치와 윤리적 행동의 중요성을 알려 줘야 합니다. 사회 변화와 도덕적 위기 속에서 아이들이 올바른 방향을 향하도록 돕고 안내해야 합니다. 아이들이 인공지능 시대의 '선한 리더'로 성장할 수 있도록 올바른 가치를 교육해야 합니다. 우리는 인공지능 시대에 살고 있지만, 여전히 '인간'이라는 사실을 잊어서는 안 되기 때문입니다.

우리는 어떻게 미래 사회에서 아이들이 올바르고 지혜롭게 살아가도록 지도할 수 있을까요? 한 가지 좋은 방법은 아이들의 '도덕지능'을 높이는 것입니다. 살인 로봇을 만들지, 치료 로봇을 만들지 결정하는 것은 인공지능이 아닌 우리 인간이어야 합니다.

그렇다면 아이들의 도덕지능을 높이는 방법에는 어떤 것들이 있을까요? 대표적인 방법 중 하나는 가정이나 학교에서 좋은 문학 작품을 활용하는 것입니다. 아이들은 좋은 책을 읽고, 그 속에 살아 숨 쉬는 등장인물의 삶을 함께 경험하면서 자연스럽게 삶의 지혜를 깨달을 수 있습니다. 건전한 문학은 시대와 환경이 변하더라도 여전히 보편적인 가치를 담고 있으며, 마음 깊이 감동을 전달합니다. 또한, 아이들은 이야기를 읽으면서 스스로를 되돌아보고 예상하지 못한 어려움을 극복하는 지혜를 얻을 수 있습니다.

'한 명의 아이를 키우는 데는 온 마을이 필요하다'는 말이 있습니다. 이는 아이를 키우는 것이 비단 부모만의 일이 아니라는 뜻입니다. 한 아이를 길러내기 위해서는 주변 사람들의 도움이 꼭 필요합니다. 다시 말해, 아이를 키우는 데는 한 사람이나 가족의 노력뿐만 아니라 많은 사회 구성원의 도움과 협력이 있어야 합니다. 그것은 한 사람이나 가정이 아이의 성장과 발전을 완전히 보장하기 어렵다는 말이기도 합니다. 사회 전체가 우리 아이들의 교육에 관심을 기울일 때, 또한 사회 전체가 돌봄과 지원을 제공할 때, 우리 아이들이 건강하게 자라고 풍요로운 삶을 누릴 수 있을 것입니다. 이 책이 한 아이를 키우기 위한 온 마을의 도덕적 노력을 대변하는 좋은 교재로 활용되길 바랍니다. 감사합니다.

서초동에서

박형빈 드림

·차례·

· 1부 ·

도덕지능

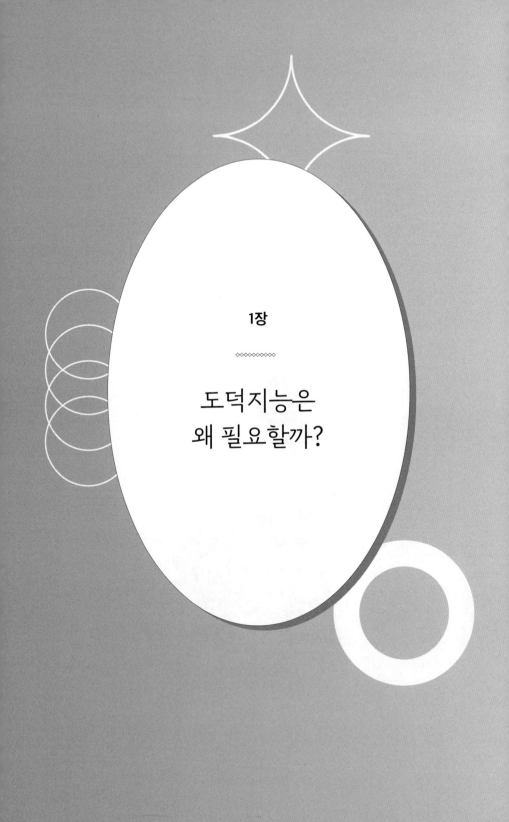

1장

◇◇◇◇◇◇◇◇◇

도덕지능은
왜 필요할까?

A는 1919년 9월 ○○당에 입당하여 곧 당내 가장 유능한 연설가가 되었으며, 이후 지도위원회의 위원이 되었다. 1920년대 초, A는 ○○당 선전부 책임자가 되었고, 1933년 1월 30일 총리 자리에 올랐다. 1934년 8월, 대통령이 서거하자 국민 투표 결과에 따라 총리 A가 대통령의 지위를 겸하게 되었다. 즉, 총통으로 불리는 최고 지위를 차지하게 되었다. A는 가장 강력한 인물이 되어, 국가의 모든 권력을 가졌고 많은 부를 누렸다. 호화로운 생활을 했으며 개인 소유의 저택과 예술 작품도 많이 가졌다.

정치적으로 성공을 거두어 한 나라의 최고 자리에 오르고, 막강한 권력과 많은 부를 누린 A는 행복한 인생을 살았다고 할 수 있을까?

아니, 그렇지 않다. 우리는 누구도 A가 행복한 인생을 살았다고 자신 있게 말할 수 없다. 그 이유는 무엇일까?

A는 실제 존재했던 인물로 1939년 9월 1일, 선전 포고도 없이 폴란드를 침공함으로써 제2차 세계대전을 일으킨 히틀러이다.

2023년 4월 15일 밤, 미국 시카고 도심에서 10대들의 난동이라 불리는 '10대들의 도시 장악Teen Takeover' 사건이 발생했다. 1천 명에 가까운 청소년이 무리를 지어 난동을 부린 사건이었다. 이 난동으로 청소년 중 2명이 총에 맞았고 15명이 경찰에 체포되었다. 10대 청소년들은 떼로 몰려다니며 음악을 크게 틀고, 운행 중인 버스와 승용차 위에 올라가 춤을 추며 차창을 깨는 등의 행패를 부리며 큰 혼란을 일으켰다. 한 목격자는 '10대 폭도들이 자동차 앞 유리를 깨고 보조석에 앉아 있던 남편을 폭행했다'고 증언하기도 했다.*

한국의 상황은 어떨까? 중범죄를 저지르는 범죄자의 연령은 점점 낮아지고 있고, 범죄의 흉악성은 점점 높아지고 있다며 깊은 우려의 목소리가 들리지 않는가? 특히 범죄를 저지르고도 처벌받지 않는 촉법소년이 꾸준히 증가하고 있다는 점이 지속적으로 문제 제기되고 있다. 촉법소년 중에서도 어린 연령대인 10~11세의 범죄는 최근 4년 새 두 배 넘게 급증했고, 이로 인해 정부는 촉법소년의 나이 기준을 낮추는 작업에 속도를 내고 있다.**

온라인 매체에서 어린 학생들의 끔찍한 범죄와 자살 소식을 어렵지 않게 접할 수 있다. 무엇이 문제일까? 그리고 이러한 문제의

---

* https://abc7chicago.com/chicago-violence-brandon-johnson-teens-new-mayor/13143044 2023년 4월 20일 인출
** https://www.ytn.co.kr/_ln/0103_202209111806442525 2023년 4월 19일 인출

근본적인 해결책은 무엇일까? 법적 처벌을 강화하는 것만으로 아이들의 범죄 성향과 충동을 충분히 억제할 수 있을까? 우리는 책임, 존중과 같은 기본적인 도덕적 가치를 되새길 필요가 있다. 가정과 학교에서 아이들의 인성을 바르게 가르치는 도덕교육의 중요성을 재확인해야 한다.

　사람들은 신체 건강에 매우 민감하다. 누구나 자녀에게 바라는 1순위는 건강이라고 이야기할 것이다. 그런데 우리는 왜 정신 건강이나 마음의 건강은 신체 건강만큼 신경 쓰지 않을까? 물론 정신건강의학이나 뇌신경과학 차원에서 보면 정신 건강도 뇌라는 물리적인 신체 건강에 좌우된다. 하지만 일반적으로 신체 건강은 정신 건강과는 다소 다른 영역으로 다루어진다. 어찌 됐든 마음의 건강, 정신 건강은 곧 도덕적 건강, 도덕 발달과 매우 밀접할 뿐만 아니라 어쩌면 도덕 발달을 전적으로 좌우하는 핵심 부분이다. 사이코패스를 생각해 보자. 그들은 결코 정신적으로 건강하지 않으며, 도덕적이지도 않다.

　우리가 행복하게 사는 데 필요한 것은 무엇일까?

　돈의 많고 적음, 사회적 지위의 높고 낮음과 같은 외면적 기준으로 어떤 사람의 행복 여부를 판단하기 어렵다. 가난하다고 해서 패배 의식과 좌절감에 빠져 있는 것이 아니며, 부유하다고 해서 늘 만족하는 삶을 사는 것은 아니기 때문이다. 불우하고 척박한 환경에서도 희망과 용기를 가질 수 있으며, 여유롭고 풍족한 환경에서도 권태나 소외를 느끼고 타락에 빠질 수 있다. 특히 다른 사람과 바람직한 관계를 형성하고 우정과 사랑을 나누는 것은 행복의 필수 요건인데, 이는 외적인 환경에 의해 전적으로 좌우되지 않는다.

친구 또는 배우자나 동료를 선택하는 경우를 가정해 보자. 사람들은 때로 돈이 많고 좋은 직업을 갖고 있다면 인성이 나빠도 상관없다고 생각한다. 하지만 현실은 절대 그렇지 않다. 친구나 함께 살아갈 동반자를 고를 때, 도덕성을 매우 중요하게 고려한다. 친구나 배우자가 나를 속이고 이용하려고만 하거나 무례하게 구는 것을 누가 용납할 수 있을까? 우리는 집단에서 함께할 구성원을 선택할 때에도 이기적인 사람을 꺼린다. 이는 역사적으로 집단생활에서 비도덕적이라고 낙인찍힌 사람들을 배척해 온 이유이기도 하다.

인간은 사회적 동물로서 다른 사람과 관계를 맺으며 살아갈 수밖에 없기에, 인간관계는 우리의 행복과 안녕에 필수적이다. 하버드대학 의과대학 성인발달연구The Grant Study*를 진행한 베일런트 George Vaillant와 월딩어Robert Waldinger 등의 연구자들은 행복이 성공이

---

* 1938년부터 80년 넘게 268명의 남성을 대상으로 진행한 종단연구이다.

나 재산 같은 외부 요인이 아닌 목적의식, 긍정적인 태도, 건강한 생활 습관, 친밀한 인간관계 같은 내부 요인에 의해 결정된다고 보았다. 특히 연구자들은 소외나 고립이 술이나 담배만큼 건강에 해롭다고 보았으며, 친밀한 인간관계가 우리의 행복한 삶에 큰 영향을 준다는 사실을 밝혀냈다. 다른 사람과 좋은 관계를 형성하고 삶의 의미와 목적을 찾는 것은 행복한 인생의 전제 조건이다.

생태학자이자 진화론자인 크로포트킨Peter Kropotkin은 그의 책『협력: 진화의 요인』에서 '생존은 경쟁이 아니라 협력이다.'라고 했다. 그는 자연 선택이 경쟁과 적자생존으로 설명되곤 하지만 협력과 상호 부조도 종의 생존과 번식에 중요한 요소라고 주장한다. 자연계에서 동물들도 협력하여 음식을 찾고, 포식자로부터 자신을 보호하고, 새끼를 키우는 모습을 자주 보인다. 인간도 좋은 인간관계를 통해 협력함으로써 많은 도움을 얻는다.

우리는 어떻게 다른 사람과 좋은 관계를 맺고 인생의 목적과 가치를 지향하는 삶을 살 수 있을까? 이를 위해 우리에게 필요한 것이 바로 도덕지능이다. 도덕지능은 도덕적 판단을 요구하는 상황에서 올바르게 판단하고, 느끼며, 행동하게 하는 능력이다. 도덕지능은 우리가 다른 사람들과 올바른 관계를 형성하고 유지하게한다. 도덕이 바로 인간이 서로를 존중하고 신뢰하며 배려하는 데도움이 되는 규칙과 가치의 집합이기 때문이다. 도덕지능을 온전히 갖춘 사람들은 도덕성과 도덕적 정체성*이 발달한 사람들이다. 도덕지능이 중요한 이유는 다음과 같다.

첫째, 다른 사람과 좋은 인간관계를 형성하고 지속하게 한다. 도덕은 우리가 다른 사람을 어떻게 대해야 하는지, 다른 사람에 대해 어떤 태도를 지녀야 하는지, 어떠한 마음가짐과 자세로 사람들과 소통해야 하는지 기준을 제시한다.

둘째, 행복감을 높여 준다. 다른 사람을 돕고, 친절하고 사려 깊은 행동을 하는 것은 우리 내면을 가꾸는 일임과 동시에 기쁨과 자신감을 북돋는 일이다. 자신과 친밀한 관계를 맺고 있는 누군가를 떠올려 보라. 사랑하는 부모, 형제자매, 친구들을 말이다. 사랑과 우정을 나누는 일은 우리에게 큰 기쁨과 행복감을 준다.

셋째, 삶에 의미와 목적을 부여함으로써 행복한 인생을 살게 한다. 도덕지능은 인생의 참된 의미와 목적을 찾게 하며, 삶에 대한 진정한 만족과 성취를 느끼게 한다. 이를 통해 우리는 도덕적 판단을 더 잘 내리고 도덕적 갈등을 더 잘 해결할 수 있다.

넷째, 도덕지능은 사회구성원 개개인의 삶의 질을 높일 뿐만 아니라 바람직하며 안정적인 사회를 만들고 유지하게 한다. 도덕지

---

* 도덕성은 도덕적으로 사고하고 느끼고 행동하는 것, 그리고 도덕적인 원리와 행동을 나타내는 개념이며, 도덕적 정체성은 개인의 도덕적 가치와 원칙에 대한 자기 개념과 관련된 정체성의 한 측면이다.

능은 개인이 올바르게 성장하도록 도울 뿐만 아니라 더 나은 사회가 형성되도록 돕는다. 사회에 불신과 증오가 만연하고 범죄가 판을 치고 있다고 생각해 보자. 이러한 사회는 오래 존속하기 어려우며, 사회구성원의 안전과 생명 또한 보장하지 못한다.

도덕지능은 인간의 발전에 필수적인 요소로, 개인과 사회 안녕에도 중요한 역할을 한다. 즉, 개인과 사회를 행복하게 만드는 핵심 요인이다. 인생의 의미를 찾아가는 것, 나뿐만 아니라 다른 이들을 존중하고 사랑하는 것, 자신의 말과 행동에 책임을 질 줄 아는 것, 자기 자신에게만 향한 시선을 돌려 타인을 바라보고 배려할 줄 아는 것은 행복한 인생을 위한 전제 조건이다. 그렇다면 도덕지능은 구체적으로 어떤 요소로 이루어져 있고, 도덕지능을 어떻게 높일 수 있을까?

2장

⬦⬦⬦⬦⬦⬦⬦⬦⬦

도덕지능은
무엇일까?

도덕은 우리 삶에서 나침반이나 내비게이션 역할을 한다. 우리가 무엇을 추구하며 살아야 하는지, 무엇이 옳고 그른지에 대한 방향을 알려 주며, 매 순간 삶의 현장에서 어떤 선택과 행동을 하는 것이 올바른지 일깨워 준다. 도덕은 규범이자 규율이기에 어떻게 생각하고, 느끼고, 행동해야 하는지에 대한 지침을 제공한다. 그러므로 우리는 도덕을 통해 옳고 그름에 대해 생각하고, 반성하고, 깊이 고민하며, 가치를 평가하는 동시에, 잘못된 행동이나 태도에 대해서는 죄책감을 느끼고 바람직한 행위와 마음에 대해서는 자긍심을 가질 수 있다.

지후와 은수의 사례를 통해 도덕지능의 개념과 그 구성 요소에 대해 생각해 보자.

지후의 하루

어느 날 아침, 지후는 등굣길에 학교 운동장을 걷다가 바닥에 떨어져 있는 필통을 주웠다. 귀여운 동물 그림이 그려진 필통이었다. 어쩌면 학교 친구의 것일지도 모른다고 생각했다. 주인을 찾아 주어야겠다고 결심한 지후는 등교 지도를 하고 계신 선생님께 필통을 가져다드렸다. 그리고 언제, 어디에서 이것을 주웠는지 자세히 말씀드렸다.

점심시간, 친구들과 급식실에서 점심을 먹던 지후는 건너편 테이블에 우두커니 혼자 앉아 밥을 먹는 친구를 발견했다. 오늘 아침 전학을 온 해성이다. 해성이는 오늘 전학을 와서 그런지 아직 친구를 사귀지 못한 것 같았다. 지후는 문득 해성이가 소외감을 느낄 것 같다고 생각했다. 그래서 함께 식사하던 친구들에게 "얘들아, 저기 해성이가 혼자 있어. 우리 해성이랑 같이 점심 먹는 건 어때?"라고 물었다. 친구들은 별로 신경 쓰지 않았다. 이때 재선이가 달걀말이를 오물오물 씹으며 "응, 그러든가." 하고 대답했다. 지후는 해성이에게 다가가 말을 건넸다. "해성아, 점심 먹는 중인데 말 걸어서 미안해. 괜찮으면 우리랑 같이 먹을래? 나는 같은 반인 지후야. 그리고 저기 앉아 있는 아이들도 모두 우리 반이야." 고개를 돌려 친구들을 바라본 해성이는 잠시 머뭇거렸지만, 곧 환한 웃음을 지어 보이며 말했다. "어, 그래, 고마워. 사실 나 조금 민망했거든."

점심을 다 먹고 급식실을 나오던 지후는 저학년으로 보이는 한 아이가 과자 봉지를 바닥에 휙 던지는 것을 우연히 목격하였다.

지후는 쓰레기를 아무 데나 버리는 것은 옳지 않다고 생각했기에 그 아이에게 다가가 말을 걸었다.

"저기, 미안한데, 그렇게 쓰레기를 바닥에 그냥 버리면 어떡하니? 깨끗한 환경을 지키기 위해서는 쓰레기를 아무 데나 버리면 안 돼. 너도 깨끗한 급식실이 좋지? 쓰레기는 주워서 저기 보이는 휴지통에 넣어 주면 좋겠어."

다행히 그 아이는 별 대꾸 없이 과자 봉지를 주워서 휴지통으로 가져갔다.

은수의 하루

은수는 아침부터 엄마에게 잔소리를 들었다. 어젯밤 늦게까지 게임을 하다가 그만 늦잠을 자 버렸기 때문이다. 엄마가 한 소리 하셨다. "은수야, 초등학생이 되었으면 일찍 일어나야지! 등교 시간까지 자고 있으면 어떡해!" 은수는 짜증이 났다. "알았다고!" 은수는 졸린 눈을 비비며 간신히 일어나 옷을 대충 갈아입고 학교로 향했다. 친구들은 모두 벌써 교실에 들어갔는지 교실로 가는 길은 한산하기만 했다. 다행히 수업은 아직 시작하지 않은 듯했다. 담임선생님의 눈치를 살피며, 은수는 선생님께 인사도 하지 않은 채 얼른 자리에 앉았다.

점심시간, 입맛이 없던 은수는 마침 주머니에 있던 과자를 꺼냈다. 급식실 구석에 앉아 과자를 몇 개 꺼내먹던 은수는 불현듯 다음 시간 숙제를 하지 않은 것이 떠올랐다. 은수는 먹던 과자 봉지를 바닥에 던지며 벌떡 일어났다. 그때 누군가 말을 걸었다. 은수보다는 나이가 많아 보였다.

"저기, 미안한데, 그렇게 쓰레기를 바닥에 그냥 버리면 어떡하니? 깨끗한 환경을 지키기 위해서는 쓰레기를 아무 데나 버리면 안 돼. 너도 깨끗한 급식실이 좋지? 쓰레기는 주워서 저기 보이는 휴지통에 넣어 주면 좋겠어."

만약 상대가 은수보다 나이가 어리거나 같은 학년이었다면 주먹이라도 날려 줬을 것이다. 하지만 상대는 은수보다 나이가 많아 보였다. 은수는 내심 짜증이 났지만 꾹 참고 과자 봉지를 주워 휴지통에 버렸다. 상대가 멀어진 것을 확인하고 나서야 혼잣말로, "우씨, 지가 뭔데 이래라 저래라야! 휴지를 아무데나 버리든 말든 무슨 상관인데! 급식실이 내 방도 아니고, 정말 별꼴이야!" 하고 중얼거리며 교실로 향했다. 그때 친구 한 명이 복도에서 울고 있는 게 눈에 띄었다. 그 친구는 어깨를 들썩이며 훌쩍이고 있었다. "뭐야, 쟤는 저기서……." 퉁명스럽게 혼잣말을 내뱉은 뒤, 은수는 신경 쓰고 싶지 않다는 듯 눈살을 찌푸리며, 그 친구를 지나쳐 교실로 들어갔다.

지후와 은수의 모습은 어떤 점에서 차이가 있을까? 이 이야기만 읽고 지후와 은수가 지능이 높은지 낮은지 명확하게 판단하기는 어렵다. 일반적으로 지능은 학습, 추론, 문제 해결 등을 포함하는 인지적인 행위 능력을 말한다. 지후와 은수 둘 다 성적이 좋을 수도 있고 나쁠 수도 있다. 또는 지후나 은수 둘 중 한 명만 성적이 좋고 다른 한 명은 좋지 않을 수도 있다. 하지만 도덕지능은 어떨까? 우리는 지후와 은수의 도덕지능이 높은지 낮은지에 대해서는 어느 정도 판단할 수 있다. 둘 중 누가 도덕지능이 더 높을까? 왜 그렇게 생각하는가?

　도덕지능은 도덕적 가치와 신념을 가지고, 타인의 관점을 고려하여 도덕적인 결정을 내리고 행동하는 능력을 말한다. 옳고 그름을 판단하는 능력뿐만 아니라, 타인과 조화롭게 살아가는 능력, 사회에 긍정적인 영향을 미치는 능력도 포함된다. 도덕지능이 높은 사람은 배려와 돌봄의 대상을 자신에게만 한정하지 않는다. 오히려 대상을 확장하여 타인의 이익도 고려한다. 만약 어떤 사람이 지극히 이기적이고, 타인을 존중하는 마음을 전혀 갖고 있지 않다면 결코 도덕지능이 높다고 할 수 없다. 사이코패스는 공감 능력이 부족하기에 도덕지능이 높다고 말할 수 없다. 다음 질문들은 도덕지능의 개념을 명확히 이해하는 데 도움이 된다.

첫째, 도덕은 시간과 장소에 따라 달라질까?

달라지는 부분도 있지만 그렇지 않은 부분도 있다. 도덕은 사회나 문화, 장소, 시대에 따라 달라지는 특수성을 가지는 동시에, 모든 시대와 환경에 공통으로 적용되는 보편성을 가지기도 한다. 인사나 식사 예절 같은 형식적인 것들은 시간과 맥락에 따라 달라지지만, 인간 존중은 도덕의 핵심이자 궁극적 가치라 할 수 있으므로 변하지 않는다.

둘째, 도덕지능은 인지적인 것일까? 아니면 정서적인 것일까?

'지능'이라고 하면 인지적인 측면을 떠올리기 쉽다. 기본적인 연산을 하고, 영어 단어를 암기하고, 과학 탐구를 위해 실험을 설계하고, 데이터를 수집하는 모습 등을 상상한다. 지능은 학습, 기억, 문제 해결, 비판적 사고, 언어 이해 및 사용, 추상적 사고 등 인지적 차원의 능력을 주로 지칭한다. 어떤 사람이 지능이 높다면, 학업을 잘 수행하고, 의사 결정을 잘하며, 정보를 효과적으로 처리하고, 복잡한 문제를 손쉽게 해결하고, 새로운 환경에 잘 적응할 것을 기대한다. 이때 주목할 점은, 지능은 '무엇을 할 줄 아는 능력'을 포함한다는 점이다. 다시 말해, 지능은 어떠한 지식을 단지 '아는 것'이 아니라 일련의 기술을 지니고 어떤 일들을 '할 줄 아는' 혹은 '해낼 수 있는' 능력이다.

인간은 사회적 동물이며, 삶 자체가 개별적이거나 고립되어 있지 않고, 다른 사람과의 관계를 전제한다. 도덕지능은 도덕과 관련된 영역에서 무언가 잘 알거나 수행하는 능력이라고 말할 수 있는데, 이는 인지적 차원만을 가리키지 않는다. 도덕적 상황을 이해하고, 도덕적 가치를 식별하며, 이를 바탕으로 적절한 도덕적 판단을 내릴 수 있는 능력을 포함한다. 도덕적으로 올바른 가치 판단을 하기 위해서는, 다양한 윤리적 관점을 고려하고 타인과 올바른 관계를 형성해야 하며, 도덕적 정서를 길러야 한다. 즉, 도덕지능에는 정서적 차원의 능력도 포함된다. 다시 말해, 도덕지능은 바르게 알고, 판단하며, 느끼고, 행동하는 것 모두와 관련되어 있다. 따라서 배려, 존중, 책임, 성실, 정의, 절제, 관용, 겸손과 같은 덕목과도 밀접하다. 도덕지능이 높은 사람은 이러한 일련의 덕목을 갖춘 사람이라고 할 수 있다.

도덕지능은 옳고 그름을 제대로 판단하고, 올바른 정서를 갖고, 도덕적 삶을 실천하는 능력이다. 즉, 확고한 윤리적 신념에 따라 올바르고 떳떳하게 행동하는 것이다. 여기에는 타인의 고통을 이해하고 해를 끼치지 않는 능력, 충동을 조절하고 욕구 충족을 나중으로 미룰 줄 아는 능력, 판단하기 전에 편견 없이 경청하는 능력, 타인과의 차이점을 이해하고 받아들이는 능력, 비윤리적인 선택을 판별하는 능력, 불의에 맞서는 능력, 연민과 존중을 가지고 타인을 대하는 능력 등 생활에 꼭 필요한 능력이 포함된다.

도덕지능이 높은 사람은 언제, 어디서든 도덕적으로 생각하고, 느끼고, 행동할 수 있어야 한다. 만약 학교에 있을 때와 집에 있을 때의 행실이 다르고, 다른 사람과 있을 때와 아닐 때의 행실이 다르다면, 도덕지능이 높다고 말하기 어렵다. 사칙연산을 잘하는 사람은 시험을 볼 때나 마트에서나 상관없이 계산을 잘하는 것과 같다.

도덕적 행위가 옳은지 그른지 잘 아는 것만으로는 도덕적인 사람이 되기에 충분하지 않다. 왜냐하면 도덕적으로 옳다고 생각하는 바를 실행하고, 연민이나 공감, 고마움, 죄책감과 같은 도덕적 정서를 발휘하는 것까지가 도덕지능에 해당하기 때문이다. 또한 도덕적 문제 상황에서 문제를 감지할 수 있어야 하고, 도덕적으로 사고하고 행동하고자 하는 동기가 부여되어 있어야 한다. 따라서 도덕지능을 높이기 위해서는 오랜 기간 연습과 훈련을 수행해야 한다.

결과적으로 도덕지능은 개인이 도덕적 영역에서 도덕적 행동을 수행하는 데 필요한 능력을 가리키므로, 우리가 다른 사람과 더불어 현명하게 살아가도록 도와주는 역량이라고 정의할 수 있다. 도덕지능의 구성 요소는 인지적, 정서적, 행동적 차원에서 살펴볼 수 있다. 도덕지능이 높은 사람이 갖추고 있는 덕목과 역량을 중심으로 도덕지능의 구성 요소의 예를 정리해 보면 다음과 같다.

- **도덕적 열망**: 도덕적인 가치와 원칙을 중시하며, 이를 실천하고 실현하기 위한 욕구이다.
- **도덕적 판단(추론/지혜)**: 무엇이 도덕적인지 아는 것, 즉 도덕적 분별력을 가지고 사고하며 판단하는 것이다.
- **도덕적 민감**: 도덕적 문제 사태를 예민하게 알아차리는 윤리적 감수성이다. 즉, 도덕적 상황에 민감하게 반응하는 능력이다. 윤리적인 가치와 원칙을 이해하는 것뿐만 아니라, 타인의 감정 상태가 어떤지, 도움이 필요한 상황인지 등을 알아채는 것을 포함한다.
- **도덕적 동기**: 도덕적 행동을 수행하도록 하는 내부적인 원동력으로, 도덕적 문제 상황에서 도덕적 결정에 따라 행동하고자 하는 도덕적 용기이다.
- **도덕적 실천**: 도덕적인 가치와 원칙을 실제 행동으로 구현하고 실현하는 능력이다.
- **관용**: 타인의 표현이나 행동을 이해하고 관대하게 받아들이는 태도이다. 그 사람의 다양한 문화적 배경, 개인적인 특성, 능력, 상황 등을 고려하여 수용하는 것이다.
- **연민**: 타인의 상황이나 어려움, 고통을 인식하고 공감하며, 그에 맞게 도덕적으로 대응하는 것이다.
- **공감**: 타인의 문제를 당사자의 입장과 시각에서 바라보는 것이

다. 타인의 감정이나 상황을 이해하고 그들의 시선에서 생각하고 느낄 수 있어야 한다.

- **존중**: 공손하고 신중한 방식으로 타인을 대하는 것이다.
- **배려**: 타인의 처지나 마음을 헤아리고, 타인을 돌보는 것이다.
- **공정 및 정의**: 편견 없이 올바르고 정정당당하게 행동하는 것이다. 사적인 이해에 매몰되지 않고 공공의 이익을 고려해야 한다.
- **책임**: 자신의 언행이 불러올 결과를 인정하고 대가를 감수하는 것이다.
- **정직**: 진실하고 솔직한 태도이다. 도덕적으로 정직한 사람은 거짓말을 하거나 속임수를 쓰지 않고 타인과 솔직하게 대화하며 행동한다. 정직은 사회적 신뢰와 상호 존중을 구축하는 데 중요하다.
- **중용**: 어느 한쪽으로 치우치지 않는 태도이다. 중용을 지키는 사람은 모든 사람을 동등하게 대우하고, 편견이나 편의에 좌우되지 않는 결정을 내린다. 공평한 기준과 규칙에 따라 사람들을 대하며, 양심과 원칙에 따라 행동한다.
- **용기**: 어려운 상황에서도 두려움을 극복하고 정당한 가치와 원칙을 위해 행동하는 능력이다. 도덕적 용기가 사람은 위험을 무릅쓰고 진실과 정의를 구현하기 위해 나선다. 부당한 것에 맞서며, 타인을 보호하고 옹호하는 데 중요한 역할을 한다.

- **성찰**: 자신을 되돌아보고 깊이 생각하는 능력이다.
- **자기 조절(절제)**: 자신의 생각, 기분, 정서, 행동 그리고 충동을 적절히 통제하고 자제하는 능력이다.
- **도덕적 고양감**: 도덕적인 가치와 원칙을 준수하거나 타인에게 도움되는 행동을 했을 때 자부심을 느끼는 감정이다.
- **도덕적 수치심**: 자신의 행동이나 결정이 타인에게 상처나 피해를 주었을 때, 또는 도덕적으로 잘못된 행동을 했거나 도덕적인 가치에 어긋나는 행동을 했을 때 느끼는 자책과 후회의 감정이다.

위와 같은 특성을 갖춘 사람은 도덕적 인격과 성품을 지녔고, 행동이나 생활 방식에서 도덕적인 태도와 면모를 보인다. 이런 사람들을 도덕지능이 높은 사람, 도덕적 정체성을 형성한 사람, 도덕성이 발달한 사람, 즉, 도덕적인 사람이라고 부를 수 있다.

도덕지능의 구성 요소를 표로 정리하면 다음과 같다. 일곱 가지(도덕적 열망, 도덕적 판단, 도덕적 민감, 도덕적 동기, 도덕적 실천, 도덕적 고양감, 도덕적 수치심)는 '역량'에 가깝고, 열한 가지(관용, 연민, 공감, 존중, 배려, 공정 및 정의, 책임, 정직, 중용, 용기)는 '덕목'으로 분류할 수 있으며, 나머지 두 가지(성찰, 자기 조절)는 역량과 덕목의 성격을 동시에 갖는다.

구분		구성 요소
도덕지능	역량	도덕적 열망
		도덕적 판단(추론/지혜)
		도덕적 민감
		도덕적 동기
		도덕적 실천
		도덕적 고양감
		도덕적 수치심
	역량/덕목	성찰
		자기 조절(절제)
	덕목	관용
		연민
		공감
		존중
		배려
		공정 및 정의
		책임
		정직
		중용
		용기

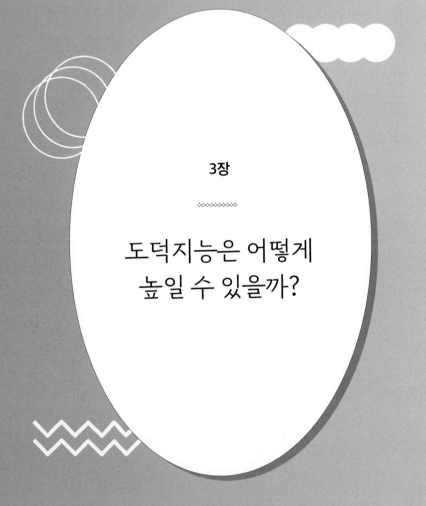

3장

⬦⬦⬦⬦⬦⬦⬦⬦⬦

도덕지능은 어떻게
높일 수 있을까?

아리스토텔레스는 '어린 시절부터 이렇게 습관을 들였는지, 혹은 저렇게 습관을 들였는지는 결코 사소한 차이가 아닌, 모든 차이를 만든다.'라고 말했다. 도덕지능은 개발하고 발전시킬 수 있는 능력이다. 교육이나 경험을 통해 형성되고, 부모, 교사, 친구 등 주변 사람이나 사회의 문화, 규범의 영향을 받아 발달한다.

아이들은 어디에서 도덕지능을 형성할까? 가장 기본적인 교육 환경은 바로 '가정'이다. 아이에게 부모는 처음으로 만나는 도덕 선생님이자 영원한 역할 모델이다. 아이는 부모의 모습을 보고 배우며 자란다. 가정은 아이들이 도덕지능을 높이는 토대이다. 두 번째로 아이들이 도덕지능을 형성하는 곳은 바로 '학교'이다. 학교 선생님과 친구들은 가정 다음으로 만나는 사회이며, 인성 형성에 지대한 영향을 끼친다.

부모라면 누구나 아이가 옳은 일을 하고 올바르게 행동하기를 원한다. 그러나 대부분의 부모는 도덕지능이 무엇이고, 왜 중요한지 고민하거나 시간을 내어 가르쳐 본 적이 거의 없을 것이다. 여러분이 만약 부모라면, 어떻게 해야 아이에게 올바른 행동과 말을 가르칠 수 있을지 고심해 보았는가? 여러분이 만약 교사라면, 학교에서 도덕지능을 중요하게 다루고, 교육하고 있는가? 그렇지 못한 부모와 교사가 많을지도 모른다. 그렇기 때문에 도덕지능을 체계적으로 지도할 수 있는 텍스트와 가이드라인이 절실히 필요하다. 도덕지능을 개발하는 방법에는 여러 가지가 있다.

- **다양한 윤리 이론 학습**: 다양한 윤리 이론은 개개인이 각자 다른 관점을 평가하고 지식에 기반해 판단할 수 있도록 도와준다.
- **성찰 및 자기반성의 연습**: 가치관과 신념을 돌아보는 일은 도덕적 기준에 따라 행동하도록 돕는다. 예를 들면, 하루를 돌아보는 일기를 작성하면서 반성과 성찰의 시간을 가질 수 있다.
- **다양한 관점 찾아보기**: 다양한 배경과 경험을 가진 사람들의 관점을 살펴봄으로써, 여러 가지 윤리적 쟁점을 마주했을 때 다양한 의사결정을 할 수 있게 된다. 예를 들면, 문화적 다양성을 조사하는 등의 탐구 학습이다.
- **문학 읽기, 다큐멘터리 시청**: 문학이나 다큐멘터리를 통해 윤리적 딜레마 상황을 간접 경험할 수 있고 다른 관점을 효과적으로 탐색할 수 있다. 문학 작품은 다른 사람의 관점을 채택하는 경험을 하게 해 준다.

- **윤리적 의사결정 연습**: 윤리적 의사결정 상황을 가정하고, 판단하는 연습을 해 보면 실제 상황에서 자신감 있게 결정할 수 있다. 예를 들면, 도덕적 딜레마 상황을 가정하여 도덕적으로 추론하고, 사고해 볼 수 있다.
- **윤리적 쟁점 토론**: 토론을 통해 다양한 도덕 문제를 탐구하고, 개인과 사회의 도덕적 가치를 고민하며, 서로 다른 주장을 이해하고 인정하는 능력을 기를 수 있다. 이를 통해 도덕적 사고력과 판단력을 향상시킬 수 있다.

이 중에서도 문학 읽기와 윤리적 쟁점 토론을 통해 윤리적 딜레마 상황을 접하고, 여러 사람의 관점을 체험함으로써 도덕지능을 높일 수 있다. 예를 들어, 소설이나 연극, 영화에서 던지는 질문에 답해 보며 여러 가지 윤리적 문제 상황을 알아보는 눈을 가질 수 있다. 그뿐만 아니라 다른 사람의 입장에서 생각해 보는 도덕적 상상력을 통해 공감, 역지사지, 조망수용 능력을 기를 수 있다. 이러한 활동을 통해 아이들은 다양한 행동의 기저에 서로 다른 입장과 동기가 있음을 더 깊이 이해할 수 있다.

또한 윤리적 쟁점을 가지고 토론할 때, 다른 관점을 가진 타인을 상대하게 되므로 윤리적 의사결정하는 연습도 할 수 있다. 예를 들어, 전쟁에서 인공 지능AI 자율 무기를 사용하는 것이 불러올 윤

리적 문제에 대해 토론한다고 해 보자. 참여자들은 정당한 전쟁론
*, 비례원칙**, 또는 생명 존중***같은 서로 다른 윤리적 원칙에
기반해 찬반 토론을 진행할 것이다. 이러한 논의는 다양한 관점을
고려하여 좀 더 합리적인 의사결정을 하는 데 도움을 준다. 아이
들은 문학 작품 읽기와 토론을 통해 도덕적 추론, 공감, 자기성찰,
그리고 의사결정 및 의사소통 능력을 기를 수 있다.

한편, 도덕지능을 높이기 위해서는 반드시 도덕적 가치를 교육
해야 한다. 도덕적 가치를 교육할 때는, 도덕적 가치가 무엇인지
가르치는 동시에 도덕적 가치를 실제로 구현해 볼 수 있게 가르쳐
야 한다. 실제 도덕적 의사결정 상황에서 아이들은 고통스러운 상
황에 처한 사람을 도와야 한다는 것을 알고는 있어도, 고통받는
사람을 돕는 행위를 실천하기는 어려워한다. 사람들은 곤경에 처
한 사람에게 연민의 감정을 강하게 느낄 때, 도덕적으로 '아는 것'

---

* 정당한 전쟁론(Just War Theory): 전쟁을 정당화하기 위해 필요한 조건과 전쟁 수행 시에도 지켜야
   하는 원칙을 제시한다. 일반적으로 정당한 전쟁을 정의하기 위해 정당한 이유, 마지막 수단, 적절한
   권한에 의한 선언, 올바른 의도, 수단에 비례한 목적 등이 고려된다.

** 비례원칙(Principle of Proportionality): 군사적 조치를 사용할 때 무엇이 적절하고 비례적인지를 평가
   하는 원칙으로 군사적 행동이 얼마나 필요하며 어느 정도의 파괴나 희생이 정당화될 수 있는지를
   고려하는 것이다. 예를 들면, 인공지능 자율 무기 사용에 대한 비례원칙적 입장은 예상되는 결과와
   효과를 고려하여 자율 무기의 사용이 전쟁 목표와 규모에 비례적이고 적절한지를 평가한다.

*** 생명 존중(Respect for Life): 인간 생명의 가치와 존엄성을 강조하는 윤리적 원칙이다. 생명 존중의
    입장에서는 모든 인간의 생명이 귀중하며 존중되어야 한다고 주장한다. 예를 들면, 전쟁에서 생명
    존중을 위해서는 민간인을 공격해서는 안 되고, 포로를 학대해서는 안 된다.

을 실천할 만한 강한 동기를 느낀다. 즉, 감정은 도덕적 동기 부여에 중요한 역할을 한다. 따라서 아이들에게도 도덕적 동기 부여가 필요하다. 그런데 아이들을 어떻게 도덕적으로 동기 부여할 수 있을까?

철학자인 마사 누스바움Martha Nussbaum은 문학 작품이 교육에서 중요한 역할을 수행할 수 있다고 주장했다. 그녀는 문학이 '문학적 상상력'을 통해 다른 사람의 삶을 공감하고 이해하는 능력을 기르는 데 도움을 준다고 보았다. 문학 작품은 아이들이 다양한 관점을 들여다보며 도덕적 판단력과 감정을 키울 수 있게 한다. 이는 문학 작품이 다양한 시대와 문화, 사회를 살아가는 사람들의 삶을 보여 주기 때문이다. 또한 문학 작품은 도덕적 딜레마와 갈등 상황을 제시하는데, 이를 통해 아이들은 윤리적 결정을 내리는 방법을 배우고, 도덕적 감정을 키울 수 있다. 문학 작품은 우리가 풍부한 경험을 할 수 있게 해 주며, 다양한 시각에서 바라볼 수 있게 해 준다. 다양한 인물의 내면세계와 외적 상황을 이해하고 공감하는 데 도움을 준다.

그러므로 문학 작품은 아이들의 도덕지능을 높이는 효과적인 도구라고 할 수 있다. 문학 작품의 활용은 다음과 같은 측면에서 도덕지능을 기르도록 돕는다.

- **동정과 공감**: 문학은 다양한 인물의 삶과 경험을 그림으로써 동정과 공감의 감정을 느끼게 한다. 이를 통해 타인의 감정과 관점을 이해하고 나아가 인간성과 연대감을 강화할 수 있다.
- **비판적 사고와 상상력**: 문학은 복잡한 윤리적 문제나 사회적 이슈를 제기하므로, 다양한 관점과 가치를 탐구할 기회를 제공한다. 이를 통해 비판적 사고와 상상력을 기를 수 있으며, 가치관과 윤리적 판단력을 형성해 나갈 수 있다.
- **인문학적 소양의 구축**: 문학은 문화와 역사적으로 중요한 가치를 담고 있다. 이를 통해 우리는 다양한 문화, 시대적 가치, 사회적 변화 등을 이해하고 인문학적인 소양을 갖출 수 있다.

엄선된 문학 작품은 단순히 재미있거나 감동적인 이야기에 그치지 않고, 우리의 사고와 감정, 윤리적 판단력을 형성하는 역할을 한다. 도덕지능을 향상시키는 데 문학 작품을 제대로 활용하기 위해서는 등장인물의 내면과 상황에 몰입할 수 있도록 짜임새 있는 에피소드를 읽고 생각해 볼 만한 질문에 답해 보아야 한다.

· 2부 ·

문학작품으로
도덕지능 쑥쑥 기르기

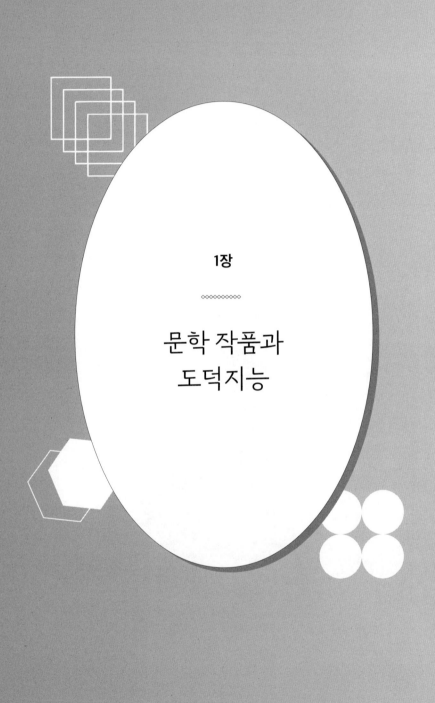

1장

◇◇◇◇◇◇◇◇◇◇

문학 작품과
도덕지능

문학은 우리의 내면을 탐구하고, 삶과 사회에 대해 깊이 통찰하게 하는 힘 있는 매체이다. 도덕지능을 높이는 데 문학이 기여하는 바는 다음과 같다.

첫째, 이야기를 통해 도덕적인 문제와 딜레마를 경험하게 한다. 독자는 등장인물의 선택과 행동을 토대로 도덕적 가치를 헤아리고 논의할 수 있다. 이야기를 읽으며 우리가 어떻게 행동해야 하는지 고민할 수 있다.

둘째, 인간의 감정을 자극하여 도덕적 감정과 연결한다. 등장인물의 경험을 간접 체험하고 그들의 감정에 공감함으로써, 도덕적 고난과 성취를 이해할 수 있다. 문학을 통해 다양한 사회적 갈등 속에서 공정성, 용기, 인내, 자비와 같은 가치를 발견할 수 있고, 이러한 가치의 중요성을 인식하며 더 나은 사람으로 성장할 수 있다.

셋째, 도덕적 모델과 영감을 제공한다. 도덕적 인물은 독자에게 좋은 영향을 미치며, 그들의 행동이나 그들이 중요시하는 가치는 모범적인 사례로 작용할 수 있다.

이처럼 문학은 도덕지능의 다양한 측면을 다루며, 독자에게 열린 사고와 자기 성찰을 유도하여 도덕적으로 성숙하게 한다.

이 책에는 총 스물일곱 작품을 실었다. 그 중 일부는 저자의 순수 창작물이며, 두 작품은 실제 사건을 기반으로 썼다. 각 에피소드는 명작 동화나 소설을 엄선하여, 도덕적 딜레마 상황으로 각색하거나 원작을 모티브로 새로 썼다. 최대한 원작의 아이디어를 훼손하지 않도록 하였다. 에피소드 말미에는 도덕적 가치에 관한 몇 가지 질문을 제시했다. 질문에 대한 답을 아이 스스로 생각해 보거나, 부모님과 선생님이 교육 자료로 활용해 보기를 바란다. 더불어 심화 학습을 위한 읽을거리도 제공되어 있다.

다음은 스물일곱 가지 에피소드이다. 각 에피소드는 앞서 배운 도덕지능의 구성 요소와 관련지어 생각해 볼 수 있다.

1. 플랜더스의 개
2. 레미제라블
3. 올리버 트위스트
4. 금도끼 은도끼
5. 나무 심는 노인
6. 새털 같은 수다
7. 말과 당나귀

구분		구성 요소	에피소드
도덕지능	역량	도덕적 열망	20. 노아의 방주 21. 시시포스의 신화
		도덕적 판단 (추론 / 지혜)	8. 늙은 사자와 여우 11. 동물농장 18. 베짱이의 소망 26. 큰 짐은 짐칸에 넣어 주세요.
		도덕적 민감	23. 사람은 무엇으로 사는가
		도덕적 동기	
		도덕적 실천	19. 당나귀 팔러 가는 아버지와 아들
		도덕적 고양감	13. 황제와 씨앗
		도덕적 수치심	2. 레미제라블
	역량 / 덕목	성찰	10. 사티로스와 나그네 22. 두 남자와 술동이
		자기 조절(절제)	27. 10대들의 도시 장악
	덕목	관용	12. 개와 고양이의 만찬
		연민	3. 올리버 트위스트
		공감	1. 플랜더스의 개
		존중	14. 중국 황제와 밤꾀꼬리
		배려	7. 말과 당나귀 17. 멧비둘기와 도시 비둘기
		공정 및 정의	9. 개구리 왕자 24. 중간의 나라
		책임	5. 나무 심는 노인 6. 새털 같은 수다 15. 양치기 소년의 재판

구분		구성 요소	에피소드
도덕지능	덕목	정직	25. 감사를 광고합니다.
		중용	4. 금도끼 은도끼
		용기	16. 오즈의 마법사

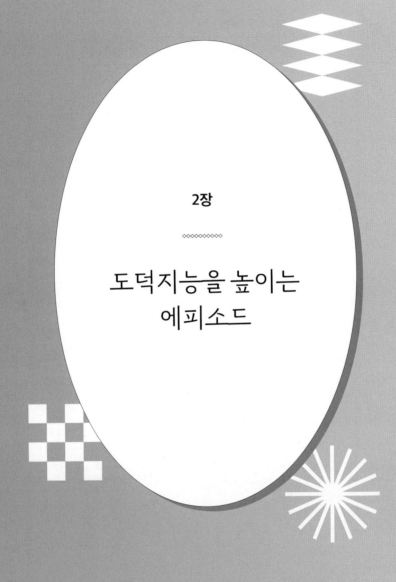

2장

◇◇◇◇◇◇◇◇◇◇

도덕지능을 높이는
에피소드

플랜더스의 개

넬로와 파트라슈는 서로 의존할 수 있는, 그야말로 형제보다도 더 돈독한 사이였다. 아르덴 출신의 넬로는 작은 체구를 하고 있었지만, 플랜더스 지방의 견종 파트라슈는 커다란 몸집이 특징이었다. 둘은 비슷한 나이지만 아직 어린 소년인 넬로와 달리 파트라슈는 개의 나이로는 많은 나이였다. 가난했던 넬로의 집에서 파트라슈는 언제나 넬로와 함께였다. 넬로가 사는 집은 플로렌스의 작은 마을 한구석에 있는 작은 오두막이었다. 앞에는 초원이 펼쳐져 있었고, 저 멀리는 안트베르펜 성당의 높은 첨탑이 보였다.

넬로의 할아버지 예한 다스는 젊은 시절 군인이었다. 하지만 스타벨로에 살던 딸이 두 살 된 아들 넬로를 두고 세상을 뜨자, 그는 혼자서 손자를 도맡아 키워야 했다. 물론 쉬운 일이 아니었다. 매일 생활고에 시달리고 식량이 떨어져 배를 곯는 날도 많았지만, 넬로의 할아버지는 불평하지 않았다. 예한 다스는 손자 넬로를 사랑으로 보살폈고, 넬로는 어려운 환경 속에서도 순수하고 따뜻한 마음씨를 가진 선한 아이로 자라났다. 양배추 잎사귀 몇 개와 빵한 조각에도 그들은 행복했고, 작은 것에 감사할 줄 알았다.

두 사람에게 어느 날 찾아온 파트라슈는 이제는 없어서는 안 될 가족이 되었다. 파트라슈와 그들은 서로에게 위로를 건네주었다. 파트라슈는 그들의 생계에 힘을 보태 주며 가족의 생계에 이바지했다. 넬로의 할아버지 예한 다스는 다리가 편치 않았고, 넬로는 아직은 어린아이였다. 그렇기에 파트라슈는 두 사람을 대신해 힘이 필요한 일을 거들었을 뿐만 아니라 힘겨운 삶을 견딜 수 있게 두 사람을 보듬어 주기도 했다.

파트라슈의 조상들, 즉 플랜더스 지방의 개들은 예로부터 고된 일을 담당해 왔다. 누런 털과 큰 머리를 가진 플랜더스의 개들은 거칠고 힘든 일을 도맡았으며, 노예나 하층민의 수레를 끄는 일을 했다. 수많은 개가 평생토록 그렇게 수레를 끌다가 길 위에서 그저 알아주는 이 없이 죽어 갔다. 플랜더스의 여느 개들처럼 파트라슈도 혈통적으로 발달된 근육과 좋은 몸, 그리고 튼튼한 다리와 큼지막한 발바닥을 가지고 있었다. 파트라슈도 전에는 다른 플랜더스의 개처럼 플랜더스와 브라반트를 왕래하며 힘들고 험한 노동에 시달렸다. 태양이 뜨겁게 내리쬐는 길에서 힘들게 짐수레를 끌며 살아야만 했다.

불평 없이 일하던 파트라슈에게 매일 돌아온 것이라곤 거친 매질과 욕설뿐이었다. 파트라슈가 13개월도 안 된 강아지였을 때 몸집이 작은 탓에 철물 파는 행상에게 헐값으로 팔려 갔다. 그는 지독한 술주정뱅이였고, 아주 심보가 못된 사람이었다. 그런 사람 밑에서 지내는 파트라슈의 삶은 그저 지옥에 비유하는 것 말고는 표현할 길이 없었다. 파트라슈는 매일 양동이와 주전자, 그리고 양철 그릇이나 놋그릇 같은 철물을 가득 실은 짐수레를 끌었다. 주인은 담배나 피우며 허우적허우적 길을 걷다가 종종 눈에 띄는 술집에 드나들 뿐이었다. 그럴 때 파트라슈는 잠시나마 숨을 돌릴 수 있었다. 다행히 파트라슈는 선천적으로 튼튼한 몸을 가졌던 터라 힘들고 고된 일을 하면서도 어느 정도 버틸 수 있었지만, 엄청난 무게의 수레와 매서운 채찍질, 그리고 손찌검, 굶주림과 타는 듯한 갈증은 무척이나 버거웠다. 간혹 찾아오는 휴식 시간도 편히 쉴 수 있는 시간이 아니었다. 주인이 술에 취하면 파트라슈에게 어떤 해코지를 해 댈지 알고 있었기에 그저 두려움 속에 눈치만 보고 있었다.

괴롭고 고통스러운 시간도 어느덧 2년이 지나가고 있었다. 그날 파트라슈는 축제가 있다는 루뱅 지역으로 무거운 짐수레를 끌고 가고 있었다. 숨이 턱턱 막히는 뜨거운 여름날, 짐수레는 평소처럼 철물로 가득 차 있었고, 얼마나 무거웠는지 마치 바윗덩어리를 싣고 가는 느낌이었다. 그런 상황에서도 주인의 매질은 멈추지 않았다. 그는 가는 길에 있던 술집에서 술을 마시면서도 파트라슈에게는 물 한 모금 주지 않았다. 뜨거운 햇빛 아래 도로는 뜨겁게 달아올랐고, 하루종일 아무것도 먹지 못한 파트라슈는 그저 짐수레를 끌 수밖에 없었다. 도로의 열기 때문에 한 걸음 한 걸음이 고역이었고, 주인의 매질은 온몸이 부서지는 듯한 고통을 주었다.

간신히 버티며 걷던 파트라슈는 힘없이 비틀거리다가 살면서 처음으로 입에 거품을 물고 쓰러졌다. 파트라슈가 쓰러진 채 움직이지 않자 주인은 욕설을 하며 발길질을 하다 급기야 나무 몽둥이로 패기 시작했다. 이렇게 파트라슈는 무더위 속에서 그저 죽기만을 기다리며 정신을 잃어가고 있었다. 주인은 욕하며 때리다가 지친 파트라슈에게 더 이상 얻을 것이 없다고 생각하자 그를 포기했다.

주인은 짐수레와 파트라슈를 연결하던 줄을 풀고 파트라슈를 수풀 쪽으로 밀어 버렸다. 고통스럽게 끙끙거리는 개에게 연민을 가지기는커녕 자기가 직접 수레를 끌고 루뱅까지 가야 한다는 사실에 화가 치밀었다. 그는 온갖 욕설과 푸념을 해 대며 수레를 끌고 언덕을 넘어갔다.

'그래, 헐값에 사서 실컷 부려 먹었으니 손해 본 것도 아니지.'

그는 어서 루뱅의 축제에 가서 먹고 마시며 놀 생각에 들떠 있었다. 죽어가는 개는 아까울 것 없이 충분히 써먹었다고 생각하며 스스로를 위안했다.

지나가는 사람들은 수풀에 버려진 개를 딱히 신경 쓰지 않았다. 그날 루뱅 축제로 향한 사람은 무척 많았지만, 수풀에 개가 버려진 채 죽어가는 건 그저 대수롭지 않은 일이었다.

그렇게 한참의 시간이 흐르고, 다리를 저는 노인과 그의 손자로 보이는 금발 소년이 조그만 짐수레를 끌며 파트라슈 근처를 지나고 있었다. 수풀에서 죽어가는 개를 발견한 그들은 잠시 걸음을 멈추더니 무릎을 꿇고 앉아 천천히 개의 상태를 살폈다. 두 사람은 죽어가는 개에게 동정 어린 눈빛을 보냈다. 할아버지가 손자에게 무엇인가 말하니 소년이 가지고 있던 물을 파트라슈에게 주었다. 죽어 가던 파트라슈의 혀를 적셔 준 물은 말로 형용할 수 없는 '그 무엇'이었다.

할아버지와 소년은 다 죽어가는 개를 힘겹게 안아 짐수레에 태웠다. 그리고 멀지 않은 오두막집으로 데려갔다. 그들은 짚단으로 누울 자리를 마련하여 파트라슈를 쉬게 했다. 물과 음식도 나누어 주었다. 파트라슈는 욕설을 듣지도 않고, 매질을 당하지도 않는 상황이 어색하여 오히려 경계심도 들었지만 노인과 소년의 따뜻

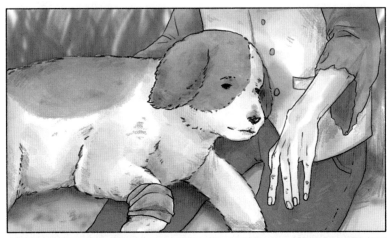

한 말투와 손길에 그저 마음속에서 따뜻한 무엇인가가 솟아오르
는 듯했다.

넬로와 할아버지는 파트라슈의 숨소리를 확인하며 그렇게 매
일같이 돌봐주었다. 넬로가 파트라슈의 몸에 난 상처를 물로 닦아

줄 때, 파트라슈는 몸을 움찔하며 '컹' 하고 짖었다. 그러자 두 사람은 파트라슈가 조금이나마 기운을 차렸다는 사실에 감사하며 눈시울을 붉혔다. 두 사람의 보살핌 속에서 파트라슈는 서서히 힘을 되찾았다. 겁먹고 두려워하던 눈망울도 서서히 생기를 띠기 시작했다. 자신을 안아 주고 뽀뽀해 주는 소년과 할아버지에게 꼬리를 흔들며 눈을 마주치기 시작했다. 그렇게 그들은 한 가족이 되었다.

1. 파트라슈는 어떤 상황에서 고통을 느꼈나요?

2. 철물 파는 행상 주인에게 매질을 당했을 때, 파트라슈의 마음은 어땠을까요? 이 부분을 읽을 때 어떤 감정이 들었나요?

3. 축제로 향하는 사람들은 왜 죽어 가는 파트라슈를 무시하고 지나갔을까요?

4. 할아버지 예한 다스는 파트라슈를 발견하고 어떻게 도움을 주기로 결정했나요? 그의 행동에 어떤 가치가 반영되었나요?

5. 넬로와 할아버지는 파트라슈를 돌보며 어떤 감정을 느꼈을까요? 그 감정은 어떤 행동으로 표현되었나요?

6. 파트라슈는 어떻게 회복할 수 있었나요? 넬로와 할아버지의 돌봄과 사랑이 어떤 역할을 했을까요?

7. 파트라슈와 넬로, 할아버지의 관계에서 어떤 도덕적 가치를 찾아볼 수 있나요?

8. 파트라슈처럼 곤경에 처한 동물을 보면 어떻게 도와야 할까요?

9. 동물들도 고통을 느낄까요? 왜 그렇게 생각하나요?

10. 여러분은 동물을 어떻게 대하고 있나요? 집에서 키우는 개나 고양이, 또는 다른 동물이 있나요? 이들을 어떻게 대하나요?

동물 권리를 주장하는 철학자로 잘 알려진 피터 싱어 Peter Singer 는 『동물 해방』
이라는 대표 저서에서 동물의 고통과 쾌락을 고려해야 한다고 강조합니다.
도덕적으로 보았을 때 동물들의 고통을 최소화하는 것이 바람직하며, 동물
도 감각과 지적 능력이 있기 때문에 보호받을 도덕적 권리가 있다고 주장합
니다.

그는 동물 권리에 대해 이야기하며, 동물이 고통을 겪지 않도록 보호해야
한다고 강조합니다. 이를 위해서는 동물을 인간의 욕망과 이익을 충족하는
수단으로 취급해선 안 된다며 비판합니다.

그의 주장은 동물 권리에 대한 논의를 확산시키고, 동물 권리 운동에 큰 영
향을 미쳤습니다. 육식, 동물 실험, 공장식 축산, 모피 산업 등 동물을 착취하
는 산업에 반대하는 운동에도 힘을 실었습니다. 또한 채식주의와 비건주의*
의 확산에도 기여했습니다.

싱어의 동물 권리 이론은 동물을 어떻게 대우해야 하는지에 관한 사회적 인
식을 변화시켰습니다. 동물 권리에 대해 알리고, 동물을 더욱 윤리적으로 대
우하도록 하는 데 큰 역할을 했습니다. 그러나 여전히 싱어의 주장에 대해 논

---

* 채식주의(vegetarianism)는 일반적으로 어류를 포함한 육류를 섭취하지 않는 식습관이나 생활 방식을 말
한다. 일부 채식주의자는 계란, 우유 및 유제품과 같은 몇몇 동물성 식품을 섭취할 수 있다. 반면, 비건주
의(veganism)는 육류뿐만 아니라 모든 동물 기반 제품, 즉 유제품, 달걀, 꿀, 가죽, 모피 등을 사용하지 않는
생활 방식이다. 비건주의는 채식주의보다 더 광범위하며, 동물의 이용과 착취를 완전히 배제하려는 원칙
을 따른다.

란의 목소리도 많습니다.

여러분은 동물 권리에 대해 어떻게 생각하나요?

레미제라블

경찰들이 장발장을 체포하고 주교의 집 현관문을 두드렸다. 잠시 후 문을 열어 준 가정부 마글루아르는 장발장의 얼굴을 보자마자 소스라치게 놀랐다. 그들은 주교가 있는 곳으로 안내 받았고, 이윽고 미리엘 주교가 방으로 들어왔다. 주교의 눈두덩이 부근에 멍이 나 있었다. 그의 얼굴을 바라보자 장발장은 더욱 얼굴을 들수 없었다. 아무도 받아주지 않던 마을에서 유일하게 자신을 따뜻하게 맞아 주고 식사와 잠자리까지 제공해 준 성당의 주교 얼굴을 때리고 은식기를 훔친 것은 다름 아닌 장발장 자신이었기 때문이었다. 경찰이 탁자 위에 압수한 은식기를 펼쳐 놓았다.

"주교님, 순찰 중에 수상한 자가 있어 검문을 해 보니 이렇게 은

식기가 나왔습니다."

장발장은 체념한 듯한 표정을 지었다.

"그래서 어디에서 난 것인지 물었더니 주교님이 주셨다고 하더군요."

경찰들은 어처구니없다는 표정으로 주교에게 말했다. 그러자 주교는 미소를 띠며 경찰에게 말했다.

"맞습니다. 저희 집에 손님으로 오신 이분께 선물로 드린 것입니다."

경찰들은 순간 당황한 모습을 보였다. 하지만 신부는 망설임 없이 장발장의 손을 잡으며 말했다.

"어허, 내가 은촛대도 가져가라고 그렇게 말했는데도 그냥 가셨구려."

그러더니 찬장에서 은촛대를 가져다가 장발장에게 쥐어 주었다. 경찰들은 머쓱한 표정을 지으며 못 믿겠다는 듯 수군거렸다. 이내 실례했다는 말과 함께 물러났다. 경찰들이 나가자 미리엘 주교는 장발장에게 말했다.

"장발장, 나의 형제여. 이제 당신은 악이 아닌 선에 속한 사람입니다. 내가 그대에게 이 은을 주고 산 것은 바로 그대의 영혼입니다."

주교의 기도와 축복을 받으며 장발장은 주교의 집을 떠났다.

얼마나 지났을까. 장발장은 알 수 없는 '그 무엇'에 취해 먹지도 쉬지도 않은 채 계속 걸어갔다. 조금 전 일어난 일이 창피한 일인지 감동 받을 만한 일인지 혼란스러웠다. 오히려 감옥에 있었을 때가 단순하고 마음이 편했을지 모른다. 해질 무렵 어느 동네 부근에 이르러서야 바위에 걸터앉아 잠시 자신의 어린 시절을 떠올리며 주변 나무와 꽃을 바라볼 수 있었다.

그때 한 굴뚝 청소부 소년이 오늘 품삯으로 번 동전을 손가락으로 튕겼다가 다시 잡으며 걸어가고 있었다. 들뜬 마음에 소년은 그곳에 장발장이 있는지도 알지 못했다. 그러다가 그만 동전을 놓쳐버렸고, 동전은 데구르르 장발장이 있는 쪽으로 굴러갔다. 장발장은 순식간에 동전을 발로 밟아 숨겼다. 소년과 장발장 말고는 아무도 없었고, 지저귀는 새들만이 그들을 지켜보고 있을 뿐이었다.

"제 동전을 돌려주세요."

소년은 당황한 표정으로 장발장에게 부탁했다. 그러자 장발장은 소년에게 이름을 물었다.

"저는 쁘띠 제르베에요."

소년은 다시금 동전을 돌려달라고 부탁했다. 하지만 장발장은 자신은 아무것도 모른다며 소년을 외면했다. 소년은 울먹이며 부탁했다.

"제발요. 오늘 굴뚝 청소를 하고 번 동전이란 말이에요. 제발요. 이 돈이 없으면 동생들이 굶어요."

쁘띠 제르베가 애처롭게 동전을 밟고 있는 장발장의 발을 잡고 흔들자 장발장은 큰 소리로 윽박질렀다.

"꺼져! 자기가 조심성이 없어서 잃어버린 것을 가지고 왜 나한테 시비야?"

장발장은 그대로 일어서서 주먹을 쥐어 보였다. 겁을 먹은 소년은 울며 뒷걸음질치다가 결국 달아났다. 소년의 울음소리가 점점 멀어졌다.

해가 저물고 배가 고파지자 장발장은 미소를 지으며 동전을 집어 들었다. 하지만 그 동전을 보는 순간 주교의 얼굴이 떠올랐다. 이전에는 느끼지 못한 '그 무엇'이 가슴을 찔렀다. 장발장은 순간 후회의 마음이 솟구쳐 소년이 사라진 방향으로 달려가며 소년을 찾아 헤맸다. 그러던 중 말을 타고 길을 가던 신부를 만났다. 장발장은 그에게 굴뚝 청소부 소년을 보지 못했냐고 물었지만 신부는 보지 못했다고 대답했다. 장발장은 동전을 신부에게 주며 가난한 사람에게 기부하고 싶다고 말하고, 스스로를 반성하며 신부에게 외쳤다.

"신부님, 절 신고해 주세요. 전 강도입니다."

하지만 신부는 강도라는 말에 겁을 먹고 그대로 말을 타고 달아나 버렸다. 장발장은 계속해서 그 소년을 찾아 뛰어다녔지만, 다 소용없었다.

　장발장은 거의 19년 만에 처음으로 흐느껴 울기 시작했다. 주교가 자신에게 한 말이 계속 그의 마음을 아프게 했다. 장발장은 자리에 주저앉아 기도하는 마음으로 손을 들고 하늘을 바라봤다. 어떤 사람이 되어야 하는가? 그는 자신을 때리고 물건까지 강탈한 자에게 주교가 건넨 인자한 말과 미소를 떠올렸다.

1. '장발장은 알 수 없는 '그 무엇'에 취한 채 먹지도 쉬지도 않은 채 계속 걸어갔다.' 라는 부분에서 '그 무엇'이란 어떤 것을 말하는 것일까요? 왜 그렇게 생각하나요?

2. 장발장이 '오히려 감옥에 있었을 때가 단순하고 마음이 편했을지 모른다.' 라고 생각한 이유는 무엇일까요?

3. '해가 저물고 배가 고파지자 장발장은 미소를 띠며 빼앗은 동전을 집어 들었다. 하지만 그 동전을 본 순간 주교의 얼굴이 떠올랐다. 이전에는 느끼지 못한 '그 무엇'이 가슴을 찔렀다.'라는 부분에서 '그 무엇'이란 어떤 것을 말하는 것일까요? 왜 그렇게 생각하나요?

4. 소년이 장발장의 발밑에 있는 동전을 돌려달라고 했을 때, 장발장은 어떻게 반응했나요? 그의 행동과 반응은 도덕적인가요? 왜 그렇게 생각하나요?

5. 장발장은 결국 소년에게 동전을 돌려주지 않았는데, 그의 행동을 도덕적으로 판단해 보세요. 그의 행동이 옳거나 그르다면 그 이유는 무엇일까요?

6. 장발장은 후회와 죄책감을 느끼면서 어떤 마음의 변화를 경험했나요? 그의 마음 속에서 선과 악의 갈등은 어떻게 나타나고 있나요?

7. 장발장은 주교의 미소와 말을 떠올리며 무엇을 깨달았나요? 그 깨달음이 그의 행동과 인생에 어떤 영향을 미칠까요?

8. 여러분은 장발장처럼 도덕적 수치심을 느껴본 적이 있나요? 어떤 상황에서 그랬나요? 그 경험이 여러분의 마음과 생각을 어떻게 변화시켰나요?

9. 이 에피소드를 통해 어떤 도덕적 가치나 교훈을 얻을 수 있을까요? 일상생활에서 이러한 가치를 어떻게 적용할 수 있을까요?

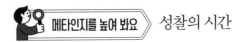

로마 제국 5현제 중 마지막 황제였던 마르쿠스 아우렐리우스^{Marcus Aurelius}의 『명상록』은 그의 생애 말기 10여 년에 걸쳐 기록한 것으로 추정되는 철학 일기입니다. 후대 사람들은 이 책을 12권으로 나누었습니다. 명상록은 황제 아우렐리우스가 일상생활을 하고 업무를 수행하며 얻은 인생의 지혜와 깨달음을 기술한 책이기에 그의 철학적 사상과 삶의 태도를 엿볼 수 있습니다. 특히 다음 구절을 보면 아우렐리우스가 이 책에서 숙고와 성찰, 그리고 도덕적인 삶을 강조하고 있음을 알 수 있습니다.

"인간이 힘써야 할 것에는 과연 무엇이 있을까? 바로 정의로운 생각, 공동체의 유익을 위한 행동, 거짓 없는 진실된 말이 있다."

"그러므로 네가 지금까지 해 왔던 것처럼 주의 깊게 살펴보면서, 어떤 일을 하든지 진정한 의미에서 오로지 선한 사람이 마땅히 해야 하는 방식을 따라서 행하라."

여러분은 날마다 자신의 생각과 행동을 되돌아보는 시간을 갖고 있나요?

올리버 트위스트

사실 올리버는 장의사 소어베리의 집에서 지낼 때 그나마 자신의 처지가 좋다고 생각했었다. 장의사의 도제로서 돈 한 푼 받지 못하고 매일 굶어 죽은 가난한 사람의 장사를 지내며 항상 슬픈 얼굴로 있어야 했지만, 구빈원에서처럼 죽을 더 달라고 했다는 이유로 매를 맞거나 독방에 갇히지는 않았기 때문이다.

하지만 올리버가 그곳에서조차 지낼 수 없게 만든 사건이 발생했다. 장의사 소어베리에게 올리버가 칭찬을 받고 인정받는 모습을 보이자 함께 견습으로 일하던 노아와 샬롯이 올리버를 괴롭히며 조롱하기 시작한 것이다. 노아와 샬롯은 올리버가 괴로워하는 모습을 보고 싶어 했다. 하지만 올리버가 별 반응을 보이지 않자 노아는 더 노골적으로 괴롭히며 선을 넘었다.

"네 엄마라는 여자는 길거리를 헤매다가 굶어 죽었다며?"

옆에 있던 샬롯이 언제나처럼 맞장구치며 거들었다.

"맞아, 소어베리 씨가 그랬지. 뭐 처음에는 불쌍하게 생각하긴 했지만."

"그런 여자의 자식이니, 너도 그 모양 그 꼴이겠지. 아마 네 엄마가 살아 있었어도 넌 구빈원에서 살았겠지."

샬롯의 깔깔거리는 소리에 늘 슬픈 표정만 짓고 있던 올리버는 순간 얼굴을 찌푸리며 주먹을 꼭 쥐었다. 노아는 그런 올리버 표정을 보며 오히려 재미있다는 듯이 더 과장해서 말했다.

"네 어미는 그렇게 죽은 게 다행인 거야. 아니면 지금쯤 감옥에서 햇빛도 못 본 채 중노동이나 하다가 교수형을 당했을걸? 크크크."

올리버의 표정이 더욱 굳어졌다. 엄마의 얼굴도 보지 못한 올리버였지만, 마음 깊은 곳에서 무엇인가 솟구쳐 올라왔다. 그리고 어디서 힘이 났는지 올리버는 노아에게 달려들었고 가녀린 주먹으로 노아를 마구 두들겨 패기 시작했다. 이를 본 샬롯은 깜짝 놀라 크게 소리를 지르며 급히 소어베리를 부르러 갔다. 그러자 문득 두려움이 몰려 온 올리버는 정신없이 자기 물건을 챙겨 한걸음에 그 집을 뛰쳐나왔다.

'어디로 가야 하지?'

올리버는 런던이라는 도시가 일자리가 많아 살 만하다고 얘기하던 구빈원 어른들의 말이 문득 떠올랐다.

'그래, 거기라면 어떻게든….'

얼마나 가야 런던에 다다를 수 있는지는 몰랐지만, 그래도 무서운 벌을 받는 것보다는 낫다는 생각에 무작정 걷기 시작했다.

얼마나 걸었을까? 한 6킬로미터 정도 걸어온 듯했다. 급히 도망쳐 나오다 보니 수중에 거의 가진 게 없었다. 한 조각의 빵, 양말 두 켤레, 그리고 1페니짜리 동전이 전부였다.

올리버는 잠시 숨을 고른 후 다시 무작정 걷기 시작했다. 빵 한 조각과 얻어 마신 물 한 모금만으로 그날 약 30킬로미터를 걸었다.

첫날은 들에서 노숙을 했다. 춥고 배가 많이 고팠지만 힘든 몸을 차가운 바닥에 뉘었다. 다음 날은 힘이 빠져 다리가 후들거렸지만, 다시 걸어가야만 했다. 설상가상으로 돈도 떨어진 상황이라 올리버는 마을에서 구걸을 해 보려고 했다. 하지만 막 도착한 마을 어귀에는 '구걸하는 자는 바로 감옥에 보내겠다.'라고 큼지막하게 쓰여 있는 팻말이 있었다. 감옥이란 말에 올리버는 가슴이 철렁 내려 앉았다. 두려움이 몰려와 온 몸이 떨리기 시작했다.

올리버는 지나가는 사람들에게 도움을 청해 봤지만, 그들은 올리버를 외면하며 게으른 녀석이라고 손가락질했다. 농가를 지날 때는 농부들은 개를 풀겠다며 올리버를 겁주었고, 올리버가 식당 주변을 서성일 때 식당 주인은 혹시 물건이라도 훔칠까 봐 그를 멀리 내쫓기 바빴다. 다만 길을 가다 만난 두 노인만이 올리버를 불쌍히 여기고 음식을 나누어 주었다.

도망쳐 나온 지 이레째 되던 날, 올리버는 간신히 런던 근처의 바넷이라는 작은 마을에 도착했다. 올리버의 상처 난 발은 여기저기 갈라져 피가 줄줄 흐르고 있었고, 오랜 기간 씻지 못해 그의 몸에서는 고약한 냄새가 풍겼다.

1. 올리버가 장의사의 집에서 뛰쳐나온 이유는 무엇인가요?

2. 올리버에 대한 노아와 샬롯의 태도와 행동은 도덕적인가요? 왜 그렇게 생각하나요?

3. 여러분이 만약 올리버라면, 노아와 샬롯에게 어떻게 대응했을까요? 왜 그렇게 했을까요?

4. 올리버가 마을 주민에게 도움을 요청했을 때, 그들은 어떤 반응을 보였나요? 그들의 반응은 도덕적이었나요? 왜 그렇게 생각하나요?

5. 여러분은 올리버와 같이 극심한 배고픔이나 고통을 경험해 본 적이 있나요? 만약 있다면 어떠한 상황이었나요? 그때 여러분의 기분은 어떠했나요?

6. 올리버가 처한 상황에서 어떤 도덕적 가치를 발견할 수 있나요?

7. 여정에서 올리버가 처한 환경은 어떠했나요? 외적인 측면과 내적인 측면에서 설명해 보세요.

8. 여러분은 도움이 필요한 사람을 본 적이 있나요? 그 사람은 진정으로 도움이 필요한 사람이었나요? 왜 그렇게 생각하나요? 여러분은 그 사람을 어떻게 대했나요? 여러분의 행위는 도덕적이었나요?

9. 이 에피소드를 읽으며 올리버에 대해 어떤 감정이 들었나요? 그 느낌을 설명할 수 있나요? 그러한 감정을 실제로 느껴 본 적이 있나요?

연민은 사회 변화를 이끌고 사회 정의를 실현하는 움직임을 형성하는 데 반드시 필요합니다. 연민은 우리가 사회에 존재하는 불평등이나 불공정으로부터 눈을 돌리지 않고, 고통 받는 사람들의 목소리를 듣고 그들을 돕는 중요한 도덕적 동기로 작용하기 때문입니다. 연민은 우리가 다른 사람의 상황을 이해하고, 고통에 공감하며, 그들을 돌보게 합니다. 따라서 연민은 인간적인 가치와 도덕성, 도덕지능을 구성하는 중요한 감정이라 할 수 있습니다.

인간에 대한 연민을 가진 대표적인 위인으로, 마더 테레사Mother Teresa를 떠올릴 수 있습니다. 그녀는 가난하고 병든 사람을 돕는 일에 한평생 헌신하였습니다. 그녀는 1910년 알바니아에서 태어나 1928년 로레토 수녀회에 입회하여 인도로 건너갔습니다. 1950년 켈커타에서 '사랑의 선교회'라는 기구를 설립하여 가난하고 병든 사람을 돕기 시작했습니다.

마더 테레사는 약 50년 동안 수많은 사람을 구호하고 위로했으며, 가난하고 절망적인 상황에 처한 사람들에게 희망을 전했습니다. 그녀는 전 세계적으로 노력과 헌신을 인정받아 1979년에 노벨 평화상을 수상하였습니다. 1997년 그녀는 이 세상을 떠났지만, 그녀의 연민과 헌신, 그리고 봉사 정신은 오늘날에도 많은 사람에게 영감을 줍니다.

알려진 일화 중 하나로, 전염병 콜레라로 수많은 사람이 죽던 당시 마더 테레사가 병원에서 환자들을 돌보다가 자신도 콜레라에 감염되었으나 끝까지 환자를 살핀 일이 있습니다. 이러한 마더 테레사의 헌신적인 노력 덕분에 많은 사람이 목숨을 구할 수 있었습니다.

그녀가 남긴 명언은 우리에게 큰 울림을 줍니다.

"사람을 판단하면, 그들을 사랑할 수 없습니다. If you judge people, you have no time to love them."

우리는 다른 사람이 우리의 기준에 미치는지 그렇지 않은지 판단합니다. 그러나 모든 사람은 다르며, 모두 장점과 단점을 갖고 있습니다. 마더 테레사의 말은 우리가 다른 사람을 사랑하기 위해서는 그 사람을 판단하지 말아야 한다는 교훈을 전합니다.

여러분도 마더 테레사처럼 '모든 이에 대한 연민'과 '나눌 수 있는 용기'를 가지길 바랍니다.

여러분은 누군가에게 연민을 느껴본 적이 있나요? 그리고 연민의 대상은 어디까지 확장 가능한가요?

금도끼 은도끼

햇살이 이글거리며 세상을 달구던 어느 여름날, 한 나무꾼이 산속에서 나무를 베고 있었다. 가만히 있어도 땀이 송골송골 배어나는 여름이었지만, 산속은 그나마 시원했다. 나무꾼은 이마의 땀을 연신 훔치며 열심히 나무를 베었다. 그는 아버지를 일찍 여의고 아픈 어머니를 부양하기 위해 어려서부터 나무를 해서 생계를 이어 왔다. 어머니는 나이가 들수록 점점 더 몸이 안 좋아졌다. 설상가상으로 집에 쌀도 떨어져, 어머니의 약재를 마련하는 것도 그에겐 무척이나 버거웠다.

'부지런히 나무를 해야 먹을 것과 어머니 약을 살 수 있을 텐데.'

무더위에 어머니가 혹시나 지치지는 않을까 걱정하며 나무꾼은 평소보다 일을 서둘렀다. 마침 연못가에 꽤 괜찮아 보이는 나무가 눈에 띄었다. 저 나무를 베어 팔면 일을 빨리 끝낼 수 있을 것 같았다. 나무꾼은 한달음에 그 나무로 다가가 도끼질을 하기 시작했다.

'탁! 탁! 탁!'

얼른 어머니께 돌아가 봐야 한다는 욕심에 그는 더욱 도끼질을 서둘렀다. 순간 땀에 젖은 손 때문에 도끼자루가 미끄러졌다.

'풍덩!'

도끼가 연못으로 그만 빠져 버렸다.

'아차!'

나무꾼은 가슴이 철렁 내려앉았다. 후회와 죄책감이 몰려왔다. 그는 깊이를 알 수 없는 연못을 바라보며 멍하니 있다가 힘이 빠져 자리에 주저앉았다. 서러움과 두려움, 자괴감이 밀려오자 그는 구슬프게 울기 시작했다.

"아, 하나 밖에 없는 도끼가 물에 빠져 버리다니…. 쌀은 어떻게 사고 어머니 약은 어떻게 하나? 이 어리석은 놈! 이 어리석은 놈!"

시간이 얼마나 흘렀을까? 연못에서 회오리가 치며 연기 같은 것이 솟아오르더니 순간 주변이 안개에 둘러싸였다. 갑자기 눈앞에 산신령이 나타났다.

"그대는 어이하여 그리 울고 있는가?"

나무꾼은 고개를 푹 숙인 채 힘없이 대꾸했다.

"제가 그만 실수로… 하나밖에 없는 도끼를 연못에 빠뜨렸습니다."

나무꾼의 눈가에는 다시 눈물방울이 글썽글썽 맺혔다.

"그래? 도끼 때문에 울고 있었다고? 하지만 그리 슬피 울 일은 아니지 않은가?"

"가난한 저에게는 소중한 생계 수단이요, 평생 함께한 친구입니다. 당장 쌀도 사야하고 어머니께 드릴 약도 사야 해서 그만."

산신령은 나무꾼의 사정을 듣더니 처지가 딱했는지 자신이 도끼를 찾아 주겠다고 말했다.

"잠시만 기다리거라."

그러고는 홀연히 연못 속으로 사라졌다. 얼마나 지났을까 산신령이 다시 모습을 드러냈다. 그의 손에는 번쩍거리는 금도끼가 들려 있었다. 금도끼는 문양이 화려할 뿐만 아니라 다양한 보석으로 장식되어 있었다.

"이 도끼가 네 도끼냐?"

나무꾼은 아름답게 빛나는 금도끼 앞에서 고개를 저었다.

그리고 망설임 없이 말했다.

"아닙니다. 제 도끼가 아닙니다."

"그래?"

산신령은 고개를 살짝 갸웃거리더니 다시 물속으로 사라졌다가 나타났다. 그리고 화려한 장식과 세공이 되어 있는 은도끼를 들어 보였다.

"이 도끼가 네 도끼냐?"

산신령이 은도끼를 손에 쥔 채 지긋이 나무꾼을 바라보자 나무꾼이 말했다.

"아닙니다. 그 도끼도 제 도끼가 아닙니다."

산신령은 다시 물속으로 사라졌다가 나타났다. 그의 손에는 볼품없고 녹슨 쇠도끼가 들려 있었다.

나무꾼은 자신의 도끼를 단번에 알아보고 넙죽 엎드리며 말했다.

"맞습니다. 산신령님! 그 도끼가 바로 제 도끼입니다!"

그러자 산신령은 얼굴에 미소를 띠며 말했다.

"허허, 어찌 그리 기특할 수 있는가! 내 어찌 너를 그냥 보낼 수 있겠는가? 부디 그 마음 잊지 말고 평생 아름답게 살게나. 이 도끼들을 모두 자네에게 주겠네."

"네?"

나무꾼은 어안이 벙벙하여 산신령을 바라보았다. 산신령의 껄껄 거리는 소리와 함께 안개가 순간 짙어졌다 사라지더니, 나무꾼의 앞에는 쇠도끼와 함께 금도끼, 은도끼가 나란히 놓여 있었

다. 나무꾼은 연못에 거듭 큰 절을 올린 다음 도끼 세 자루를 가지
고 집으로 돌아갔다.

 함께 생각해 봐요

1. 나무꾼은 도덕적으로 판단하고 도덕적으로 옳은 행동을 했나요? 왜 그렇게 생각
   하나요?

2. 어머니의 건강과 행복을 위해 노력하는 나무꾼의 행동을 어떤 도덕적 기준으로 평
   가할 수 있을까요?

3. 정직한 삶이 왜 중요할까요? 만약 모든 사람이 정직하지 않다면 어떤 일이 발생할
   까요?

4. 우리 삶에서 선의의 거짓말이 필요할 때가 있을까요? 어떠한 상황에서, 왜 필요할
   까요?

정직은 거짓이나 꾸밈없이 바르고 곧은 것을 말합니다. 정직하게 행동한다는 건 거짓말을 하지 않고 솔직하게 대화하며, 자신과 타인에게 진실된 행동을 하는 것입니다. 정직은 인간관계에서 상호 신뢰를 구축하고 유지하는 역할을 합니다. 따라서 사회적 상호작용에서 매우 중요합니다.

다른 사람과의 관계에서 신뢰는 필수적인 요소입니다. 만약 우리가 정직하지 못하고 거짓말을 하거나 속임수를 쓰면, 다른 사람은 우리를 신뢰하지 않을 것입니다. 그렇게 되면 관계의 질이 낮아지고 상호작용에 불화가 생길 수 있습니다. 또한 거짓말은 다른 사람을 속이고 손해를 입힐 수 있어, 사회를 불공정하게 만들 수 있습니다.

여러분은 '정직'한 사람인가요?

나무 심는 노인

한 나그네가 모래바람이 훌훌 날리는 어느 황량한 곳을 걷고 있었다. 끝을 모르고 펼쳐진 황야를 걷다 마침내 한 마을 어귀에 다다를 무렵이었다. 그곳에는 한 노인이 나무를 심고 있었다. 줄을 지어 심은 나무 중 몇 그루는 모래바람에 말라 가고 있었다. 노인은 어느 정도 나무를 심더니 다시 물지게를 지고 나무에 조금씩 물을 줬다.

아까부터 마을에 들어가지 않고 노인이 나무 심는 것을 지켜보던 나그네는 노인에게 인사를 하며 말을 건넸다.

"안녕하세요, 어르신. 저는 이 황무지를 걸어서 방금 이 마을에 도착한 나그네입니다."

"안녕하신가? 그래, 황무지를 걸어오느라고 고생 좀 했겠구먼."

나그네의 말에 잠시 일손을 놓았던 노인은 다시 나무에 물을 주기 시작했다. 나그네는 노인에게 물었다.

"아까부터 지켜보고 있었는데, 여기 있는 나무들은 모두 어르신이 심으신 것인가요?"

"뭐, 그렇지."

"저기 좀 자란 나무들도요?"

노인은 잠시 일손을 놓고 나그네가 가리키는 쪽을 바라보았다. 그곳에는 좀 더 자란 나무들이 줄지어 있었다.

"그렇다네, 지금보다는 좀 젊었을 때지."

나그네는 의아하다는 눈으로, 흐뭇한 미소를 짓고 있는 노인에게 다시 물었다.

"그런데 왜 그리 나무를 심고 계신가요? 제가 볼 때 여긴 나무가 잘 자라는 곳도 아닌데요."

"그러니까 심어야지. 점점 더 땅은 말라가고 수풀도 줄어드는데. 이대로는 이 마을도 결국 사라지고 말 거야."

나그네는 여전히 의아한 표정을 짓고 있었다.

"그런데 젊은 사람은 다 어디 가고 어르신 홀로 나무를 심고 계신지요? 그리고 나무 자라는 것을 다 보시기에는 연세가 있으시잖아요. 젊은 사람도 아니고, 나이 드신 분이 왜?"

"모두 안 된다거나 시간이 오래 걸린다며 마다하더군. 뭐 젊은
사람들이니까 그러겠지. 나보다 똑똑한 친구들이니까. 그러니 나
라도 시작해야 하지 않겠나? 언젠가 그들도 깨달으면 나처럼 하
겠지."

함께 생각해 봐요

1. 노인은 젊은 사람들이 나무를 심지 않는 이유로 "안 된다거나 시간이 오래 걸린다며 마다하더군."이라고 말했어요. 이 말은 우리에게 어떤 문제를 제기할까요? 이 문제를 어떻게 해결할 수 있을까요?

2. 노인은 "언젠가 그들도 깨달으면 나처럼 하겠지."라고 말했어요. 이 말은 인류의 지속 가능성과 관련하여, 어떤 도덕적 가치를 강조할까요?

3. 노인이 지속적으로 나무를 심고 돌보는 행위에서 어떤 도덕적 가치를 발견할 수 있나요? 이는 우리의 삶과 도덕적 판단에 어떤 영향을 미칠까요?

4. 노인은 "나라도 시작해야 하지 않겠나?"라고 말했어요. 노인은 왜 이렇게 말했을까요?

5. 노인이 황야에서 나무를 심는 행동은 현실에서 어떤 문제에 대한 해결책일까요? 지속 가능한 미래를 위해 우리는 어떤 행동을 취해야 할까요?

6. 이 에피소드에서 찾아볼 수 있는 환경 문제와 노인의 나무 심는 행위에는 어떤 상관관계가 있을까요? 이를 통해 어떤 도덕적 가치를 배울 수 있나요?

7. 우리가 책임을 져야 할 대상이 어디까지라고 생각하나요? 여러분 자신? 가족? 동물? 지구촌? 미래 세대? 왜 그렇게 생각하나요?

8. 지구온난화나 환경 문제에 대해 깊이 고민해 본 적이 있나요? 무엇이 문제이고, 어떻게 그 문제를 해결할 수 있을까요?

최근 기후 변화로 인해 전 세계적으로 해안 침식, 침수, 극지방 생태계의 변화 등 여러 가지 기상 이변이 나타나고 있습니다. 사람들은 온실가스 배출, 산림 파괴와 같은 환경 파괴가 주된 원인이라고 지적합니다. 환경 문제는 비단 현세대뿐만 아니라 미래 세대에까지 영향을 끼친다는 점에서도 반드시 관심을 가져야 할 문제입니다.

인간 중심 윤리학에서 벗어나 생태 윤리학이라는 새로운 개념을 제안한 대표적인 학자는 독일의 생태 철학자 한스 요나스Hans Jonas입니다. 그의 책 「기술 의학 윤리: 책임 원칙의 실천」에서는 책임 윤리에 대해 이야기합니다. 그는 과학 기술의 발전으로 인한 위험에 대해 경고하고, 미래 세대에 대한 책임을 역설합니다. 요나스의 주장은 오늘날에도 여전히 유효합니다. 과학 기술을 분별 있게 이용하고, 자연을 존중하며, 미래 세대에 대해 책임감을 가져야 합니다.

우리가 사는 터전은 조상들이 이룩한 것이므로, 도덕적으로 '더 나은 길', '더 나은 삶'이란 시간과 장소를 총체적, 맥락적으로 보는 능력이라고도 할 수 있습니다. 이런 능력이 바로 도덕지능을 이룹니다.

여러분은 미래 세대에 대한 책임, 환경 윤리와 자원 보전, 인간의 존엄성과 생명의 존중에 관한 요나스의 주장을 어떻게 생각하나요? 요나스가 주장한 대로 우리는 '미래 세대에 책임'이 있을까요?

새털 같은 수다

동네에는 랍비*에 대해 나쁜 소문을 퍼뜨리는 사람이 있었다. 그 사람은 주변 사람과 말할 때 틈나는 대로 랍비에 대해 험담을 해 댔다.

"글쎄, 그 랍비 말이야. 저번에 술집에서 행패를 부렸대."

"그래? 그걸 어떻게 알았어?"

"아니, 누가 그러더라고."

그 사람은 대충 누군가에게 들었다거나 그럴싸한 출처를 말하

---

* 랍비(Rabbi)는 히브리어로 '나의 선생님'이라는 의미로 유대교에서 성직자를 가리키는 말이다. 랍비는 유대교의 율법을 연구하고 가르치는 일을 담당한다.

며 둘러댔지만, 항상 그 말이 진짜라고 주장했다. 동네 사람들은 그 사람이 랍비뿐만 아니라 다른 사람에 대해서도 험담을 일삼는다는 것을 잘 알고 있었다. 하지만 사정을 잘 모르거나, 랍비에게 좋지 않은 감정을 가진 사람들은 그런 이야기를 믿고 주변에 퍼뜨리곤 했다.

사실 그가 그런 허풍이나 거짓말을 떠들어 대는 이유는 딱히 없었다. 단지 주변 사람들이 별 볼 일 없는 그를 뭐라도 된 것처럼 대단하게 바라봐 주길 바랐을 뿐이다. 그 사람은 점점 자기 말을 진짜로 믿게 됐고, 다른 사람에게 계속해서 전했다. 이로 인해 누군가가 괴로워하는 것을 보면 자기도 모르게 만족감을 느꼈다. 그리고 이제는 진짜 자신이 대단한 영향력을 가진 사람인 양 생각하게 되었다.

랍비도 이 사실을 주민들로부터 들어 왔다. 다만 랍비는 종교 지도자였기에 좀 더 인내심을 가지고 그 사람을 지켜보았다. 주변에서는 그 사람을 혼쭐내야 한다고 했지만, 랍비는 계속 기다려 보기로 했다.

그 사람의 거짓말과 허풍은 점점 더 정도가 심해졌다. 동네 사람들에게 수군대기를 넘어서 기회가 될 때마다 SNS나 인터넷 댓글로도 험담을 올리기 시작했다. 그가 하는 일은 하루 종일 스마트폰이나 컴퓨터로 랍비를 험담하는 글을 올리거나 댓글을 다는 일

뿐이었다.

결국, 랍비는 그를 불러 타일렀다. 랍비는 그에게 더 이상 그런 일에 인생을 낭비하지 말고 더 좋은 사람이 되도록 노력하며 살라고 충고했다. 그는 그 앞에서는 알았다고 퉁명스럽게 말했지만, 집에 오자마자 SNS에 글을 올렸다.

'랍비가 드디어 나에게 조용히 하라며 협박을 했다. 나는 힘이 없는 약자이기 때문에 그저 듣고 있을 수밖에 없었다.'

그러자 동조하는 사람들이 랍비를 욕하며 '좋아요'를 눌러 댔다. 그는 마구 늘어나는 '좋아요'와 '조회 수'에 크게 만족했다. 그러고는 또 다른 글을 올렸다.

'랍비의 협박과 강요가 있었지만, 나는 정의를 위해 사실을 밝힐 때가 왔음을 깨달았다. 그 사실은…'

랍비가 있는 예배소나 집이 마을 사람을 착취하여 강제로 뺏은 것이며, 이로 인해 몇몇 사람들이 큰 고난에 빠졌다는 내용의 글이었다.

이 소식은 곧 랍비에게도 흘러 들어갔다. 랍비는 결국 결단을 내렸다.

며칠 후 그 사람은 고소를 당해 처벌을 받을 위기에 처했다. 변호사를 급히 찾아가 상담을 받았지만, 처벌을 피하기 어려우니 랍비와 합의를 해서 선처를 구하는 것 말고는 방법이 없다는 말뿐이었다. 그 사람은 자신이 쌓아온 명성의 탑이 무너질 위기에 망설였지만 별다른 방법이 없음을 깨달았다.

바람이 많이 부는 어느 날, 그는 랍비에게 사과하며 용서해 달라고 간절히 빌었다. 랍비는 전과 달리 더 이상 인자한 표정을 짓고 있지 않았다. 랍비가 말했다.

"바람이 불 때, 이 깃털 베개를 찢어 깃털을 흩뿌리게."

그 사람은 속으로 생각했다.

'이 정도면 이번 건도 대충 해결할 수 있을까나? 크크.'

그는 꽤나 간단한 일이라고 여기며, 이번에도 쉽게 넘어갈 수 있겠다는 생각에 살짝 미소를 지었다. 그리고 바람이 불어올 때, 베개를 칼로 찢었다. 그러자 베개 속 깃털이 훨훨 날아 이곳저곳 날아오르며 사방으로 흩어졌다.

랍비는 깃털이 모두 바람에 멀리 흩어지는 모습을 한참을 바라보다가 입을 열었다.

"이제 그 흩날린 깃털을 모두 다시 모아 오게. 그만큼 자네를 용서하겠네."

그러자 그 사람의 눈이 휘둥그레졌다.

"도대체 그걸 어떻게 다시 모읍니까? 바람에 모두 흩어져 버렸는데요!"

쉽게 용서받을 것이라 믿고 있던 그는 당황하며 랍비에게 항의했다. 그러자 랍비가 말했다.

"내가 말했던 것처럼 가서 깃털을 모아 오게. 그리고 기억하게. 자네의 혀와 손가락이 남긴 상처는 자네가 기억하는 것까지만 용서받을 수 있다는 것을. 자네가 기억하지 못하는 것은 용서받을 수 없다네."

2부 · 문학작품으로 도덕지능 쑥쑥 기르기

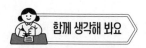

1. 그 사람이 주변 사람에게 랍비에 대해 험담하는 행동은 어떤 도덕적 문제가 있을까요?

2. 그 사람이 거짓말을 하고 허풍을 떠는 이유는 무엇일까요?

3. 주변 사람이 그 사람의 험담을 믿고 퍼뜨리게 되는 이유는 무엇일까요?

4. 그 사람이 랍비에 대한 험담과 거짓말을 SNS나 댓글에 적어 퍼뜨린 이유는 무엇일까요? 이것은 어떤 문제를 불러올까요?

5. 여러분 주변에 인터넷 댓글이나 SNS에 거짓된 정보를 올리는 사람이 있나요? 그런 행동에는 어떤 도덕적 문제가 있을까요? 이러한 문제를 해결하는 방법은 무엇일까요?

6. 온라인이나 오프라인에서 다른 사람에 대해 좋지 않은 소문을 퍼트리면, 당사자는 어떤 피해를 입게 되나요?

7. 랍비가 그 사람을 불러 충고하는 행위는 어떤 도덕적 가치와 관련이 있을까요? 랍비는 왜 그 사람에게 더 좋은 사람이 되도록 노력하라고 권했을까요?

8. 그 사람이 소문을 퍼뜨리고 험담을 하면 다른 사람들이 피해를 입을까요? 이것이 왜 문제가 될까요?

9. 랍비가 바람에 깃털을 흩뿌리게 한 후, 다시 모아 오라고 말한 것은 무엇을 비유한 것일까요? 어떤 도덕적 가치를 강조하고 있나요?

가상 공간에서의 익명성은 사람들이 사이버 괴롭힘과 혐오 발언, 거짓 정보 유포 등의 악의적인 행위를 쉽게 저지를 수 있게 합니다. 이로 인해 온라인 공간에서는 거짓 정보와 악의적인 비방이 현실 세계보다 더 쉽고 빠르게 생산, 유통, 확산되는 경향이 있어 건전한 의견 교환이나 건설적인 토론은 이루어지기 어렵습니다. 악의를 가진 사용자들은 익명성에 숨어 자신의 모습을 드러내지 않고 타인에게 마음껏 해를 가합니다.

이에 따라 인터넷 윤리와 정보 윤리는 어느 때보다 중요성이 높아지고 있습니다. 정보 윤리는 정보의 창작, 전파, 이용 간의 관계, 그리고 인간의 행위를 다루는 응용 윤리의 분야입니다. 그리고 인터넷 윤리는 인터넷이라는 매체를 통해 이루어지는 인간 행동에 대한 윤리적인 기준을 제시하며 개인정보보호, 사이버 범죄 예방, 디지털 저작권 보호 등과 같은 문제를 다루는 분야입니다. 따라서 대체로 정보 윤리는 인터넷 윤리를 포함하는 개념이라고 할 수 있습니다.

그러나 현실적으로 우리나라에서는 정보 윤리와 인터넷 윤리를 거의 유사한 개념으로 사용하고 있습니다. 개념이 서로 연관되어 있고, 정보의 대부분이 인터넷을 통해 다루어지기 때문입니다. 또한 인터넷이 정보의 창작, 전파, 이용에 중요한 매체로 자리 잡았기 때문입니다.

인터넷 윤리나 정보 윤리는 모두 개인의 권리와 자유를 존중하며, 온라인에서 이루어지는 비윤리적 행위를 규제하는 윤리적 접근을 모색합니다. 일반적으로 인터넷을 사용할 때 지켜야 할 윤리로는 타인의 권리와 자유를 침해하지 않기, 타인을 비방하거나 명예를 훼손하지 않기, 타인의 인격을 모독하거나 차별하지 않기 등이 있습니다. 또한 인터넷 윤리의 도덕적 원리로는 존중, 정의, 책임, 해악 금지가 자주 제시됩니다.

중요한 건 이는 단지 가상 공간에 한정되지 않는다는 것입니다. 가상 공간은 한 부분에 불과하며, 현실 세계에서도 말로 인한 피해는 상당히 자주 일어납니다. 농담이나 장난으로 한 말이어도 돌이킬 수 없는 상처를 입힐 수 있습니다. 여러분의 말과 행위에 대한 책임은 고스란히 여러분의 몫입니다.

여러분은 가상 공간에서 누군가를 공격하거나 비방한 적이 있나요? 혹은 그 반대의 경우를 경험한 적이 있나요? 그때 여러분의 기분은 어땠나요?

말과 당나귀

한 나그네가 말과 당나귀에 짐을 싣고 여행을 하고 있었다. 긴 여행으로 모두가 지쳐 있었다. 말과 당나귀에 짐을 실은 채 수풀을 헤치고 개울을 건너오는 일은 결코 쉽지 않았다. 특히 당나귀는 말보다 더 지쳐 있었다. 당나귀는 우직하게 일했지만, 나그네만큼이나 오래 살았던 터라 체력이 따라 주지 않는 듯했다.

젊은 말은 당나귀가 눈치 보며 요령만 피우는 늙은이라고 생각하며, 평소 좋지 않게 생각했다. 주인이 당나귀에게 더 관대한 것 같아 못마땅하게 여겼다.

아까부터 헉헉거리며 거친 숨을 내쉬던 당나귀를 보며, 말은 당나귀가 또 요령을 피우려고 저런다며 속으로 짜증을 냈다. 당나귀가 휘청거리는 일도 점점 잦아졌다. 말은 여전히 당나귀가 수를 쓰기 위해 연기하고 있다고 생각했다.

"이보게."

당나귀가 불렀지만 말은 못 들은 척했다. 그러자 당나귀가 숨을 고르며 다시 불렀다.

"이보게, 내 말 좀 들어 주게."

그제야 말은 못마땅한 표정으로 당나귀를 바라보았다.

"왜요?"

그러자 당나귀는 하소연하듯 말했다.

"내가 좀 힘들어서 그러니…."

하지만 말은 당나귀의 말을 다 듣지도 않고 끊어 버렸다.

"거참, 혼자만 힘들어요? 다 힘들지?"

당나귀는 간절한 표정으로 말에게 다시금 부탁했다.

"정말로 힘들어서 그래. 한 번 속는 셈 치고 내 짐 좀 나눠 들어 주게."

말은 주저하지 않고 바로 쏘아붙였다.

"아니, 한두 번 속은 게 아닌데, 뭘 한 번 속는 셈이에요? 보나 마나 이번에도 엄살이겠지."

당나귀는 침을 흘리며 입에 거품을 조금씩 물고 있었다.

"부탁이네. 내 목숨을 조금이라도 걱정한다면 제발."

말은 들은 체 만 체했다. 그렇게 얼마나 갔을까. '쿵!' 하는 소리에 고개를 돌려보니 당나귀가 길에 쓰러져 있었다. 입에 하얀 거품을 문 채 이제는 더 이상 숨을 헐떡거리지도 않았다. 주인은 천천히 다가가 당나귀의 상태를 살폈다.

"이런, 날이 저물기 전에 서둘러 가야 하는데."

당나귀가 죽자 주인은 한숨을 내쉬며 당나귀에 실려 있던 짐을 모두 말에게 옮겼다. 그리고 당나귀의 가죽까지 벗겨 말에 실었다. 그러자 말은 탄식하며 중얼거렸다.

"맙소사, 차라리 짐을 나눠 들어줄걸. 이제는 짐에다가 당나귀 가죽까지 싣고 가야 하는구나."

 함께 생각해 봐요

1. 당나귀는 힘들 때 말에게 도움을 받을 수 있었나요?

2. 말은 당나귀를 어떻게 생각하고 대우했나요? 그 이유는 무엇인가요? 그러한 대우는 정당한 것이었나요? 왜 그렇게 생각하나요?

3. 당나귀는 왜 힘들어하며 말에게 도움을 요청했을까요?

4. 말이 처음부터 당나귀의 부탁을 거절한 이유는 무엇일까요?

5. 당나귀가 도움을 요청했을 때, 말은 어떤 선택을 했나요? 그 이유는 무엇인가요?

6. 당나귀가 죽은 후에 말은 어떤 반성을 했나요? 이 반성이 어떤 의미를 가지나요?

7. 이 에피소드를 읽고 배려의 중요성에 대해 생각해 보았나요?

8. 우리 주변에 배려가 필요한 상황이 있나요? 그 상황에서 어떤 행동을 해야 할까요?

9. 만약 여러분이 말이고, 당나귀를 도와줄 수 있는 상태였다면 어떤 선택을 했을까요? 왜 그렇게 선택했을까요?

10. 배려는 인간관계와 상호작용에 어떤 영향을 미치나요?

11. 누군가 여러분에게 배려를 요청한 적이 있나요? 어떤 상황이었고, 여러분은 어떻게 대응했나요?

12. 여러분이 누군가에게 배려를 요청한 적이 있나요? 어떤 상황이었고, 그 사람들은 여러분에게 어떤 태도를 보였나요?

 메타인지를 높여 봐요 　인간의 생존과 협력의 필요성

'상부상조相扶相助'라는 말이 있습니다. 이 말은 서로서로 돕는다는 뜻으로, 어려운 상황을 다 함께 헤쳐 나가는 미덕을 강조합니다. 우리 사회에서 종종 상호 협력의 중요성을 이야기할 때 사용됩니다. 사회적 협력과 같은 삶의 태도는 인간이 서로 돕고 지지하며 함께 성장하는 데 중요한 역할을 합니다.

우리나라의 전통적인 상부상조 문화로 '품앗이'를 들 수 있습니다. 품앗이는 이웃들이 모여서 밭일이나 집의 공사, 이사 등을 돕는 것입니다. 이렇게 서로를 지원함으로써 사회적인 유대감을 형성하고 친밀한 관계를 유지합니다. 우리는 상호 의존과 협력을 가치 있게 여기며, 어려운 상황에서도 함께 노력하여 문제를 해결하고 서로를 도우며 성장하는 문화적인 특징을 갖습니다.

상호 협력을 인간의 본성이라고 이야기하기도 합니다. 매트 리들리Matt Ridley는 그의 책 「도덕적 기원」에서 인간은 사회적 동물이며, 사회적 협력성은 자연 선택의 결과라고 주장합니다. 그는 인간이 다른 개체와 협력하면서 상호 이익을 얻을 수 있고, 이를 통해 경제, 사회, 문화적 발전을 이룰 수 있다고 했습니다. 또한 인간이 협력을 함으로써 다른 동물보다 더 성공적으로 진화할 수 있었다고 보았습니다.

여러분은 일상생활에서 친구들과 얼마나 자주, 그리고 많이 협력하나요? 그 사례를 이야기해 봅시다.

・ 에피소드 8 ・

늙은 사자와 여우

한때 용맹함으로 이름을 떨치던 사자가 있었다. 평원에서 사자의 그림자만 보아도 동물들은 두려움에 떨거나 고개를 숙이며 그자리를 조용히 피해가곤 했다. 하지만 세월 앞에는 장사가 없다고 했던가. 그 사자도 나이가 들어 몸이 예전 같지 않았고, 젊은 사자들에게 무시당하기 일쑤였다. 이제는 늙어 버린 사자의 사냥 실력도 예전 같지 않았다. 그러자 사자는 꾀를 내어 먹이를 쉽게 얻을 방법을 떠올렸다.

'내가 병이 났다고 소문을 내면 다들 병문안을 오겠지?'

회심의 미소를 지으며 늙은 사자는 주변 사자들을 통해 자기가 아프다는 소문을 내 달라고 부탁했다. 그리고 동굴에 들어가 앓아

눕는 시늉을 했다.

처음으로 찾아온 동물은 토끼였다. 약한 토끼는 아무리 늙은 사자여도 병문안을 가지 않았다가는 나중에 화를 당할까 두려워 병문안을 왔다. 사자에게 인사를 하러 동굴 안에 들어온 토끼는 병문안을 와 줘서 고맙다는 사자의 따뜻한 인사말을 들으며 안심했다. 하지만 그 뒤로 토끼를 보았다는 동물은 없었다.

다음으로 찾아온 동물은 영양이었다. 고고한 영양은 평상시에는 사자와 상종도 하지 않고 항상 도망치듯 다녔다. 하지만 사자가 이제는 늙어서 병까지 앓고 있다는 말에 그만 측은한 생각이 들어 병문안을 온 것이었다. 게다가 토끼가 먼저 병문안을 갔다는 말을 들어, 예의는 지켜야겠다고 생각했다.

"사자 님, 저 영양입니다. 몸은 어떠신지요?"

"오, 영양인가? 자네가 오다니 정말 반갑군. 어서 들어오게."

사자의 친절하고 따뜻한 말씨에 영양은 측은한 마음이 커졌고, 사자에게 평소 잘 대해 주지 못한 것에 대한 미안한 마음까지 들었다. 영양은 기쁜 마음으로 동굴 안으로 들어갔다. 물론 그 뒤로 영양을 보았다는 동물은 없었다.

얼마나 지났을까? 동물들이 늙은 사자에게 병문안을 갔다는 소문이 여우에게도 들렸다. 여우는 다른 동물이 먼저 병문안을 갔다는 말에 늦으면 안 되겠다고 생각했지만, 아무리 늙었어도 사자는 사자라는 점이 마음에 걸렸다.

사자 굴 앞에 선 여우는 주변을 천천히 관찰하며, 동굴에서 멀찌감치 떨어진 곳에서 사자의 안부를 물었다.

"사자 님, 사자 님, 저 여우 왔습니다."

동굴 안에서 친절하고 인자한 목소리가 들렸다.

"오, 여우인가? 어서 안으로 들어오게."

주변을 살피던 여우는 안으로 들어가지 않고, 밖에서 사자의 안부를 물었다.

"사자 님, 많이 편찮으시다고 들었는데 지금은 어떠신지요?"

"나이 먹어서 그런지 별로 차도가 없다네. 그나저나 밖에 그리 서 있지 말고 안으로 들어오게나."

"아닙니다. 사자 님. 괜히 저 때문에 신경 쓰이실 테니. 전 여기 있겠습니다."

"괜찮네. 어서 안으로 들어오게."

늙은 사자가 여러 번 권유했지만 여우는 폐를 끼치기 싫다며 동굴 안으로 들어가지 않았다. 그러자 사자의 목소리에는 서서히 역정 내는 기색이 드러났다.

"아니, 무슨 밖에 서서 안부를 묻나? 여우 자네는 예의도 없는가? 이 불쌍하고 늙은 사자가 이리도 청하는데 들어오려는 시늉도 하지 않는가?"

사자가 호통을 쳤지만 여우는 미동도 하지 않았다. 그러자 사자는 불쌍한 목소리로 여우에게 말했다.

"어허, 내가 약하고 늙었다고 저리 야박하게 굴다니. 인정머리하고는… 정말 실망이네. 자네 그러다가 벌 받아."

그러자 여우가 동굴을 향해 큰 소리로 말했다.

"사자 님, 저도 들어가고는 싶습니다만."

"그런데 뭐가 문제인가?"

화가 난 듯한 목소리로 사자가 따졌지만, 여우는 흔들림 없이 자기가 생각한 바를 말했다.

"동굴로 들어간 발자국은 많이 보이는데, 왜 걸어 나온 발자국은 없을까요? 다들 병문안을 갔다던 동물들 같은데 말입니다."

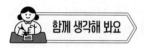
함께 생각해 봐요

1. 처음으로 사자를 찾아 온 토끼는 어떤 마음으로 병문안을 왔을까요?

2. 다른 동물들이 병문안을 간 영양을 볼 수 없었던 이유는 무엇일까요?

3. 여우가 동굴 밖에만 머물렀던 이유는 무엇일까요?

4. 사자가 여우에게 호통을 친 이유는 무엇일까요?

5. 여우는 사자의 말에 어떻게 대답했나요?

6. 동굴에서 나온 발자국이 없는 이유는 무엇일까요?

7. 여우의 행동은 도덕적일까요? 왜 그렇게 생각하나요?

8. 우리 삶에서도 여우와 같은 자세가 필요할까요? 어떤 상황에서 필요할까요?

9. 여러분은 사자와 여우 같은 상황을 경험해 본 적이 있나요? 언제, 어떠한 상황이었
   나요? 그때 여러분은 어떻게 대처했나요?

도덕적으로 판단하는 것은 이용당하거나 무조건적으로 언제나 희생만을 선택하는 것이 아니라 현명하게 사고하고 다른 사람을 배려하는 것입니다. 따라서 도덕적인 사람이 되기 위해서는 지혜로워야 합니다. 도덕적인 사람은 상황이나 형편을 정확히 인지하고, 관련된 사람들의 처지를 이해하고, 그들의 감정을 고려하여 적절한 판단을 내리고, 행동에 옮길 수 있어야 하기 때문입니다.

따라서 도덕적 판단을 할 때는 항상 상황을 면밀히 살피고, 행동의 결과와 영향을 예측할 수 있어야 합니다. 또한 지혜롭게 선택하고, 타인을 배려할 수 있어야 합니다. 누군가 도덕이라는 이름으로 무조건적 희생을 강요하는 것은 결코 도덕적이라고 할 수 없습니다. 도덕성은 이타적인 마음과 동시에 자기 자신을 사랑하는 마음도 가지는 것이기 때문입니다.

여러분은 지혜와 도덕적 판단이 서로 어떻게 연결된다고 생각하나요? 예를 들어 설명해 보세요.

개구리 왕자

  오늘도 막내 공주는 숲속 연못가에서 황금 공을 가지고 놀고 있었다. 뒤따르는 시녀들은 행여나 공주가 다칠까 노심초사하며 바라보고 있었다. 하지만 공주는 그런 시녀들의 마음을 아는지 모르는지 그저 공놀이를 하며 즐거운 시간을 보내고 있었다.

  왕궁의 높은 곳에 자리한 테라스에서 왕은 얼굴에 미소를 가득 머금은 채 그 모습을 바라보고 있었다. 왕은 공주들 가운데 특히나 막내 공주를 무척 예뻐했다. 왕의 눈에 막내 공주는 천사 그 자체였으며, 삶의 기쁨이었다. 왕이 이만큼 공주를 아꼈기에, 막내 공주의 생일에 저 귀한 황금 공을 선물한 것이었다. 공주를 지켜보며 흐뭇해하던 왕은 신하들이 재촉하자 집무실로 들어갔다.

그러던 어느 날, 왕이 신하들과 함께 저녁 만찬을 즐기고 있었을 때였다. 왕과 왕비, 그리고 왕자와 공주들이 먼저 자리에 앉고, 이후 신하들이 직위에 따라 식탁에 둘러앉았다. 다들 자리에 앉자, 왕은 잔을 들어 나라와 백성의 평안을 기원하며 만찬을 시작하려고 하였다.

그런데 갑자기 문을 두드리는 소리가 들렸다.

쿵쿵쿵! 쿵쿵쿵!

"막내 공주님, 저 왔어요. 문 열어 주세요. 약속한 대로 제가 왔답니다."

누군가 문을 크게 두드리는 소리에 모든 사람의 시선은 문을 향했다. 하지만 아무도 문을 열어 주지 않았다.

"공주님, 공주님! 약속을 지키셔야죠. 공주님!"

사람들은 두리번거리며 무슨 일인지 궁금해했다. 이 시간에, 그것도 왕과의 만찬 자리에서 누가 저런 무례를 범하냐며 수군거리는 목소리도 들렸다.

"공주님! 약속하셨잖아요. 저와 친구 해 주시기로! 아침부터 밤까지 항상 옆에 있어 주겠다고 하셨잖아요!"

사람들은 놀라며 공주들을 바라보았다. 공주들도 서로를 바라보며 의아한 표정을 지었다. 막내 공주는 눈치를 보다가 자리에서 일어나, 소리가 나는 문 쪽으로 다가가 문을 살며시 열었다. 그러자 개구리 한 마리가 갑자기 뛰어들어 왔다. 개구리는 펄쩍펄쩍 뛰더니 막내 공주가 앉아 있던 자리로 가서 식탁 위로 올라갔다. 지켜보던 모든 사람의 눈이 휘둥그레졌다. 막내 공주는 난처한 얼굴을 감추지 못한 채 어쩔 줄 몰라 했다. 왕은 자비로운 얼굴로 막내 공주에게 무슨 일인지 물어보았다.

"사랑하는 막내 공주야, 대체 무슨 일이냐?"

왕의 질문에 막내 공주는 고개를 더 푹 숙였다. 왕은 막내 공주를 다독이며 물었다.

"괜찮다. 공주야. 혼내지 않을 테니 어서 말해 보렴."

혼내지 않는다는 말에 용기를 얻었는지 막내 공주는 입을 열었다.

막내 공주는 전에 황금 공을 가지고 놀다가 연못에 빠뜨린 사실과 개구리와 한 약속에 대해 이야기했다. 그리고 살짝 울먹이는 목소리로 자신이 한 행동과 약속에 대해 변명하기 시작했다.

"그래서 제가 친구 해 주겠다고 약속할 수밖에 없었어요. 그런데 설마 개구리가 궁궐까지 찾아올 줄은 정말 몰랐어요."

왕은 막내 공주의 말을 다 듣고 나서 말했다.

"어쨌든 약속을 하긴 했구나."

"네, 하지만 사람이랑 한 약속이 아니잖아요. 그저 개구리라는 미물인데. 약속을 지킬 필요가…."

"아니, 개구리건 사람이건 네가 한 약속은 지켜야 하는 것이다."

"아바마마, 하지만 연못에 빠진 공을 가져다준 것치고는 개구리가 요구하는 게 너무 많아요. 친구가 돼서 매일 같이 식사하고, 같은 침실에서 자고, 항상 같이 있자고 했단 말이에요."

"그래도 그걸 모두 약속하지 않았니?"

"저는 아바마마가 주신 황금 공이 소중했기 때문에 약속을 한 거였어요. 정말로 저 흉측한 개구리를 친구로 삼고 싶어서 약속한 게 아니에요. 저 개구리는 제 곤란한 상황을 이용해서 무리한 약속을 하게 만든 거라고요."

그러자 개구리도 지지 않고 왕에게 한마디 아뢰었다.

"왕이시여. 제가 비록 미천한 개구리지만 제 말을 들어 주시옵소서. 폐하께서 하신 말씀대로 약속은 약속 아닙니까? 더구나 제가 연못에서 건져 준 황금 공은 그만한 가치가 있다고 생각합니다. 또 친구로서 그 정도는 충분히 요구할 수 있다고 생각합니다!"

만찬에 초대받은 모든 사람이 이 모습을 지켜보고 있었다. 공주와 개구리의 말을 모두 들은 왕은 잠시 곰곰이 생각에 잠겼다. 만찬장에 있는 사람들은 모두 숨을 죽인 채 왕을 바라보았다.

1. 왕이 공주에게 '개구리건 사람이건 네가 한 약속은 지켜야 하는 것이다.'라고 한 것에 대해 어떻게 생각하나요? 그것을 지키는 것이 중요한가요?

2. 막내 공주는 개구리와의 약속을 지켜야 할까요? 왜 그렇게 생각하나요?

3. 약속은 반드시 지켜야 하는 것인가요? 아니면 상황에 따라 달라지기도 하나요? 왜 그렇게 생각하나요?

4. 개구리가 무리한 요구를 했다고 생각하나요? 약속이 합리적인지 아닌지는 어떤 기준으로 판단해야 할까요?

5. 상대가 비록 미천한 존재라도 말을 들어 줘야 한다고 생각하나요? 그런 개구리의 주장에 동의하나요? 왜 그렇게 생각하나요?

6. 막내 공주가 황금 공을 돌려받기 위해 개구리와 약속을 한 것에 대해 어떻게 생각하나요?

7. 막내 공주의 곤란한 상황을 이용한 개구리의 행동에 대해 어떻게 생각하나요? 개구리는 정말 공주를 이용한 것일까요?

8. 약속을 지키는 것이 사회적 관계에 어떤 영향을 미칠까요?

9. 이 에피소드와 같은 상황에서 왕이 어떤 결정을 내리는 것이 가장 도덕적인 방법일까요? 왕은 어떤 가치를 우선시해야 할까요?

10. 만약 '약속'이 어떤 상황에는 지켜야 하고, 어떤 상황에는 지키지 않아도 된다면, 도덕적으로 옳다고 볼 수 있나요? 왜 그렇게 생각하나요?

11. 약속을 지키는 기준이 수시로 변한다면 어떤 문제가 발생할까요? 그런 문제를 막을 방법이 있을까요?

12. 여러분은 약속을 잘 지키는 편인가요? 앞으로 약속을 할 때 어떤 태도로 임할 것인가요? 그런 태도는 도덕적이라고 할 수 있나요?

13. 여러분은 약속을 어긴 적이 있나요? 어떤 상황에서 그랬나요? 여러분의 행동은 도덕적이었나요? 왜 그렇게 생각하나요?

인간 사회는 신뢰를 바탕으로 형성되고 유지됩니다. 신뢰는 사람들 사이의 연결 고리이며, 사회 질서를 유지하는 원동력입니다. 사회 구성원 간의 신뢰가 약화되면 사회적으로 혼란이 발생하고 불신이 솟구치며, 사회 규범과 질서가 무너질 수 있습니다. 신뢰는 상호 관계를 강화하고 안정을 유지하는 기반이 됩니다. 사회적 상호작용에서 신뢰는 의사소통을 원활하게 하여, 사회 구성원이 협력하여 공동의 목표를 달성하는 데 도움을 줍니다.

다른 사람과 신뢰를 형성하는 행동에는 어떤 것들이 있을까요? 가장 쉽게 생각해 볼 수 있는 행동은 약속을 지키는 것입니다. 약속을 이행하는 것은 상호 신뢰를 돈독히 하고 긍정적인 인간관계를 유지하는 데 중요합니다. 약속은 두 개체 또는 그룹 간에 서로가 특정한 행동을 할 것에 동의하는 것입니다. 약속은 서로에게 예상되는 행동을 할 것을 알리고, 상호 간의 의견과 기대를 일치시키며, 이로써 협력과 조화를 이루게 합니다. 따라서 약속을 지키지 않으면 신뢰 관계가 흔들립니다. 약속을 어기는 행위는 상대방에게 실망과 불신을 심어 줍니다. 그러므로 여러분이 누군가와 약속을 할 때는 신중하게 생각하고 정말로 약속을 지킬 의지가 있는지 먼저 살펴봐야 합니다.

여러분은 지키기 어려운 약속을 한 적이 있나요? 언제, 어떤 상황에서 그랬나요? 그때 올바른 결정을 했다고 생각하나요?

사티로스와 나그네

어느 추운 겨울, 한 나그네가 여행을 하다 숲속에서 길을 잃었다. 날이 저물어 캄캄했고 눈까지 쌓여 길을 찾기가 몹시 힘들었다. 길이 모두 똑같아 보였고, 이곳이 도무지 어디인지 전혀 알 수 없었다. 밤 동안 머물 곳을 찾지 못한다면, 나그네는 분명 굶주린 짐승에게 습격을 당하거나 얼어 죽을 것이었다.

해가 완전히 지자 숲속은 한 치 앞도 보이지 않았다. 높이 쌓인 눈에 발이 푹푹 빠져 이제 움직이는 것도 너무나 힘들었다. 어딘가에서 늑대 울음소리가 들려왔고 나그네에게 점점 가까워지는 듯했다. 나그네는 이제 죽겠구나 하는 두려움에 숨이 가빠졌다. 이때 어디선가 발걸음 소리가 들렸다. 나그네는 소리가 들리는 쪽으로 고개를 돌렸다. 거기에는 상반신은 사람의 몸이지만, 염소의 뿔과 다리를 가진 사티로스라는 정령이 나그네를 물끄러미 쳐다보고 있었다.

"오, 자연의 정령 사티로스 님, 저를 불쌍히 여겨 이 숲에서 구해 주세요."

굶주린 채 하루 종일 추운 숲속을 헤매던 나그네의 행색은 그야말로 초췌했다. 나그네를 불쌍히 보던 사티로스는 관대한 표정으로 나그네에게 물었다.

"나그네여, 어찌하여 이 눈 덮인 숲속에서 헤매고 있는가?"

"저는 이 숲을 지나 다른 마을로 가던 중이었습니다만, 노잣돈이 다 떨어져 무리하게 일정을 서두르다 보니 길을 잃고 말았습니다."

"그렇군, 자네의 입장도 이해하네. 하지만 겨울 숲이란 우리 사티로스도 가볍게 생각하지 않는다네. 일단 내 집으로 가서 하룻밤을 묵도록 하게. 아무래도 자네가 버티기에는 너무나 버거운 밤이니 말이야. 아침이 되면 내가 다음 마을로 가는 길을 안내해 주지."

사티로스의 호의에 나그네는 안도의 한숨을 내쉬었다. 마음이 놓이자 그제서야 꽁꽁 언 손이 느껴졌다. 나그네는 얼음장 같은 손을 녹이려고 입김을 호호 불었다. 그 모습을 본 사티로스가 물었다.

"그대는 어찌하여 손에다 입김을 불어 대는가?"

"하루 종일 추운 숲속을 헤매다 보니 그만 손이 꽁꽁 얼어서 따뜻하게 하려고 그랬습니다."

"그렇군. 그럼 어서 집으로 가서 몸을 녹이게."

나그네는 사티로스와 숲길을 걸으며 연신 입김을 불어 손을 녹였다. 얼마 후 사티로스의 집에 도착했다. 덜덜 떠는 나그네에게 사티로스는 따뜻한 화롯불 앞에 자리를 마련해 주었다. 나그네가 어느 정도 언 몸을 녹였을 때쯤, 사티로스는 화롯불 위에 데우고 있던 수프를 한 그릇 떠서 굶주린 나그네에게 건네주었다. 하루 종일 굶주렸던 나그네는 뜨거운 수프를 고맙게 받아 들고 연신 후후 불어 가며 먹기 시작했다. 그러자 그 모습을 지켜보던 사티로스는 다소 굳은 표정으로 나그네에게 물었다.

"그대는 어찌하여 수프에 입김을 불어 대는가?"

"수프가 뜨거워서 식히려고 그랬습니다."

"그대는 어찌하여 그리 변덕스러운가? 아까는 추워서 따뜻하게 해야 한다며 입김을 불더니, 지금은 뜨겁다며 식힌다고 입김을 불어 대니 말이다."

사티로스의 말에 나그네는 아무 말도 못 한 채 그저 가만히 있었다. 사티로스는 분노한 기색을 띠며 호통을 쳤다.

"자네처럼 한입으로 두말하는 사람은 참을 수가 없네. 이 집에서 썩 나가게! 어서!"

1. 나그네는 어떤 상황에 처해 있었나요?

2. 나그네가 사티로스에게 도움을 청했을 때, 사티로스는 어떤 반응을 보였나요? 그 때 나그네는 어떤 마음이 들었을까요?

3. 사티로스는 나그네를 어떻게 도와주기로 했나요?

4. 사티로스의 집에 도착한 나그네는 어떤 경험을 했나요?

5. 나그네가 수프를 먹을 때 입김을 불어 댄 이유는 무엇일까요?

6. 사티로스가 나그네에게 화를 낸 이유는 무엇인가요?

7. 사티로스가 마지막에 한 말과 행동은 정당한 것이었나요? 왜 그렇게 생각하나요?

8. 여러분은 나그네처럼 의도와는 다르게 다른 사람에게 오해를 받은 적이 있나요? 그때 여러분의 기분은 어땠나요?

9. 누군가의 성급한 판단 때문에 난처했던 경험이 있나요? 어떤 상황에서 그랬나요? 그때 여러분의 기분은 어땠나요?

이 에피소드는 일반적으로 '위선이나 표리부동*한 언행 또는 변덕'에 대해 훈계하는 내용으로 알려져 있습니다. 즉, 원래 교훈은 인간의 변덕스러움에 대한 경고입니다. 하지만 이는 사티로스를 신적인 존재, 또는 선의 기준으로 보았을 때 해당하는 말입니다. 사티로스의 관점에서 보면 나그네가 변덕을 부린 것처럼 보일 수도 있지만, 다른 관점에서 보면 나그네의 행동은 오히려 자연스럽고 당연해 보일 수 있습니다.

인간의 관점에서 볼 때, 나그네의 행동은 사티로스의 생각처럼 변덕스러운 행동이라고 단정하기 어렵습니다. 오히려 '후후 부는' 행위가 일정한 온도를 유지하려는 행동이라는 점에서 변덕과는 거리가 먼 행위라고 볼 수도 있습니다. 살아가는 동안 환경이나 조건은 얼마든 변화할 수 있습니다. 변화에 따라 달라지는 행동을 '변덕'이라 여기며 배척하기보다는 변화에 융통성 있게 대응하는 도덕적 지혜가 필요합니다.

따라서 사티로스는 자신만의 생각과 기준으로 인간을 평가하고 있다고 볼 수 있습니다. 이런 측면에서 보면, 우위에 서 있는 자가 가진 편견이나 편향, 또는 고집이 타인에게 미치는 영향을 지적하는 이야기가 될 수도 있습니다.

그리스 철학에 '에포케ἐποχή, epoche'라는 말이 있습니다. 이는 판단의 유예나 중단, 또는 보류를 의미합니다. 즉, 논리적 갈등과 불확실성이 존재하는 상황에서 판단을 일시적으로 멈추거나 뒤로 미루는 것입니다. 에포케의 태도는 인간의 인식 능력에는 한계가 있고, 모든 판단은 상대적이며 주관적이라는 것을 전제합니다.

판단 유예의 태도는 우리가 주관적인 편견을 갖거나 섣불리 판단하는 일을 최소화하고, 상황을 객관적으로 볼 수 있게 합니다. 이는 사실에 근거하여 결정을 내리고, 신뢰성 있는 정보와 증거를 활용하여 문제를 해결하도록 돕습니다. 판단 보류는 공격적이거나 편향된 의견을 내세우지 않도록 하여, 의사소통을 원활히 하고 긍정적인 관계를 형성하게 합니다. 상대방의 의견을 경청하고 이해하는 자세를 가지면, 더 나은 대화와 협력이 이루어질 수 있습니다. 또한 다양한 시각을 개방적으로 받아들일 수 있습니다. 이는 다른 사람의 생각과 관점을 존중하며, 그들이 취한 행동의 이유나 배경을 이해하는 데 도움을 줍니다.

여러분은 '섣부른 판단' 때문에 곤란했던 적이 있나요? 또는 그런 모습을 목격한 적이 있나요? 언제, 어떠한 상황이었나요? 그것은 도덕적으로 바람직했나요? 왜 그렇게 생각하나요?

---

* 표리부동(表裏不同)은 겉으로 드러나는 말이나 행동이 속마음과 다름을 의미한다.

동물농장

얼마 전 인간들과의 전투에서 부상을 입은 것이 화근이었을까. 아픈 몸으로 일하다 쓰러진 복서는 다시 일어나지 못하고 있었다. 같이 일하던 동물들이 모여 걱정스러운 표정으로 복서를 바라보고 있었다. 그러자 감독관 돼지 한 마리가 웅성거리며 모여 있던 동물들 사이를 비집고 들어왔다. 그는 쓰러진 복서를 잠시 지켜보더니 급히 자리를 떴고, 또 다른 감독관 돼지가 오더니 동물들에게 어서 작업장에 돌아가 일하라고 신경질적으로 소리쳤다.

"정말이지 참, 위대한 지도자 동지께 폐를 끼치게 되었군."

순간 과거의 일들이 주마등처럼 복서의 뇌리를 스쳤다. 먹이도 제때 주지 않으면서 동물들을 혹사하던 '매너 농장'의 농부 존스를 몰아내던 그 시절. 가장 나이가 많은 돼지였던 메이저 영감이 주장한 '동물주의' 연설과 함께 동물들은 힘을 합쳐 인간 압제자들을 향해 반란을 일으켰다. 짐마차를 끄는 말이었던 복서와 클로버도 뜨거운 마음으로 인간 압제자에 대항하여 선두에서 열심히 싸웠다.

혁명이 성공하자 농장 이름은 '매너 농장'에서 '동물농장'으로 바뀌었다. 메이저 영감과 함께 돼지들은 '모든 동물은 평등하다'라는 계명이 속한 7계명을 만들고 실천하면서 자신들만의 농장을 발전시켜 왔다. 하지만 동물주의를 표방한 '동물농장'이 이후 평탄한 길만 걸어온 것은 아니었다.

가슴 아팠던 순간이 복서의 눈앞에 떠올랐다. 동물농장에 풍차를 짓는 데 돈이 필요하자 돼지들이 달걀을 팔기로 결정한 사건이었다. 이 소식에 닭들은 반발하며 시위했다.

"두 발로 걷는 적과 거래하는 것은 동물주의를 위배하는 것이다!"

"우리 몰래 달걀 판매 결정을 내린 것은 동물주의를 위배하는 것이다!"

"달걀을 뺏어가는 것은 동물 살해다!"

"희생이 필요하면 돼지부터 솔선수범하라!"

그리고 달걀 하나라도 건네주지 않겠다며 암탉들은 지붕에 올라가 알을 낳아 알을 모두 산산조각 냈다. 이 소식이 지도자 동지인 돼지 나폴레옹에게 전해지자, 그는 극히 분노했다.

"우리 동물의 자유와 발전을 위해 당연히 희생을 감수해야 한다고 말했건만…. 건방지게."

나폴레옹이 분노하자 주변에서 호위하던 개들이 이를 드러내며 으르렁댔고, 주변 동물들은 두려움에 고개를 숙였다.

"저 건방진 닭들에게 옥수수 한 알이라도 주는 동물은 사형에 처할 것이니, 누구도 접촉하지 말도록!"

오랫동안 시위하던 닭들은 호위병 개들의 삼엄한 감시 속에 굶주려 갔고, 대다수는 결국 자기 둥지로 돌아와 알을 낳았다. 하지만 아홉 마리의 닭들은 버티다가 굶어 죽고 말았다. 그러나 나폴레옹은 그 죽은 닭들을 모두가 볼 수 있게 오랫동안 나뭇가지에 걸어 놨고, 동물들은 두려움에 떨었다.

그렇지만 그때도 복서는 나폴레옹이 옳다고 생각했다.

"그래, 당연히 희생이 필요한데, 자기들 생각만 하면서 저러면 죽어도 싸지."

배급되던 식량은 날로 더 줄어들었고, 그나마 가끔 배급되던 사과와 우유도 결국 돼지들에게만 주어졌다. 그래도 이 모든 것이 필요한 희생이라고 믿던 복서였다. 가슴 아프지만 그런 반동분자들을 처벌하는 것은 당연하다고 생각했다.

이후 인간과의 전투에서 수많은 동물이 피해를 입었지만 결국 승리했다. 승리의 순간, 모든 동물은 지도자 동지 나폴레옹에게 영광을 돌렸다. 하지만 이때 입은 부상으로 복서는 건강이 나빠졌고, 그로 인해 할당된 작업량을 채우지 못해 항상 감독관 돼지들에게 지적받는 신세가 되었으며 급기야 식량 배급도 줄었다. 그래도 복서는 항상 이렇게 생각했다.

"내가 더 많이 일하면 된다. 지도자 동지 나폴레옹은 항상 옳다."

과거를 회상하며 의식이 흐려져 가던 복서의 귓가에 마차 소리가 들렸다. 감독관 돼지 중 하나인 스퀼러가 큰 소리로 말했다.

"우리의 친애하는 지도자 동지 나폴레옹의 은혜로 우리의 열성 동지인 복서를 수의사에게 보내 입원시키기로 했다. 다들 지도자 동지께 감사하도록!"

마차가 도착하자 미소를 띤 어떤 거친 사내가 들것으로 복서를 마차에 실었다. 그런데 갑자기 주변의 누군가 작은 소리로 수군거렸고, 이내 두려움에 떨기 시작했다. 그 마차 옆면에는 다음과 같이 쓰여 있었다.

'앨프레드 시몬즈, 말 도축합니다! 사료 및 비료용 뼛가루 및 가죽 판매점'

잠시 후 동물농장 광장에 세워진 단 위에서는 배신자 스노우볼에게 협력한 동물들의 공개 처형식이 진행되었다. 감독관 돼지들이 죄수 동물의 죄명과 처벌 선언을 외쳤고, 이를 지켜보던 동물들의 박수 소리가 울려 퍼졌다. 혁명 과업의 완수를 다짐하며 지도자 동지 나폴레옹에게 영광을 돌리자는 구호 소리로, 공개 처형식은 소란스럽게 진행되었다. 그 와중에 복서를 실은 마차가 조용히 동물농장을 떠나고 있었다. 단지 복서의 오랜 친구 클로버만이 마차를 따라가며 이렇게 외쳤다.

"복서! 복서! 거기서 나와! 당장! 제발! 이대로 가면 죽어!"

1. 동물들은 왜 복서를 걱정스러운 표정으로 바라보고 있었나요?

2. 감독관 돼지가 동물들에게 소리치고 작업장에 돌아가라고 했을 때, 동물들은 어떤 표정을 지었을까요? 왜 그랬을까요?

3. 왜 닭들은 돼지들이 달걀을 팔기로 결정하자 반발하며 시위했을까요?

4. 나폴레옹은 닭들의 반란에 어떻게 대처했나요?

5. 나폴레옹이 닭들의 처벌을 강화한 것은 옳은 결정이었나요? 왜 그렇게 생각하나요?

6. 나폴레옹이 동물들에게 점점 더 큰 희생을 강요했을 때 복서의 태도는 어땠나요? 그것은 도덕적으로 정당한 것이었나요? 왜 그렇게 생각하나요?

7. 복서를 수의사에게 보내자는 결정은 도덕적으로 옳은 결정인가요? 그 이유는 무엇인가요?

8. 스노우볼에게 협력한 동물들의 공개 처형식은 왜 진행되었을까요?

9. 동물농장에는 동물들의 자유가 보장되어 있나요? 왜 그렇게 생각하나요?

10. 인간에게 자유는 어떤 의미인가요? 그것이 왜 중요할까요?

액튼 경으로 잘 알려진 에드워드 달버그John Emerich Edward Dalberg Acton는 영국 역사학자이자 정치사상가로, 자유주의, 개인의 권리, 헌법적인 제한 정부* 등에 대한 열렬한 옹호자였습니다. 그의 가장 유명한 명언 중 하나는, 그가 1887년 성공회 주교에게 보낸 편지에 쓰인 '권력은 부패하려는 경향이 있고, 절대 권력은 반드시 부패한다.'입니다. 이 말은 권력 분산 및 제한 정부에 대한 그의 견해를 반영하며, 권력의 독점이 부패로 이어질 수 있음을 뜻합니다.

'절대 권력은 반드시 부패한다.'라는 말은 과도한 권력이 독재, 타락, 비효율성, 부당한 차별 등을 불러올 수 있음을 지적합니다. 이것은 우리의 자유를 보호하기 위한 노력의 중요성을 강조합니다. 역사는 그의 명언을 수없이 증명해 왔습니다. 프랑스의 루이 14세, 러시아의 이반 4세, 중국의 진시황, 독일의 히틀러 등은 모두 절대 권력을 휘두르며 부패와 폭력을 불러일으킨 인물입니다.

절대 권력이 몰락의 길을 걸을 수밖에 없는 이유는, 권력이 한 개인 또는 집단에 집중되면 다른 이들의 참여나 균형을 허용하지 않을 수 있기 때문입니다. 이는 권력의 남용과 불공정한 조작을 초래할 수 있으며, 부패가 발생하기 쉽습니다. 더불어 권력이 절대적일 때, 권력을 행사하는 사람들은 도덕적, 윤리적 제약을 무시하거나 타락할 가능성이 높습니다. 급기야 개인과 특정 집단은 개인적 이익 추구, 무책임한 행동을 일삼기도 합니다.

따라서 우리는 진정한 자유와 평등을 지키기 위해 권력의 집중을 지양하고,

권력의 행사를 제한하며, 권력 분산과 균형을 유지해야 합니다. 이를 통해 권력의 부패 가능성을 최소화하고, 건전한 사회 및 정치 체제를 구축할 수 있습니다.

역사적으로 절대 권력을 이용해 사람들에게 해를 가한 사례를 알고 있나요? 그것이 왜 극심한 문제를 일으켰는지 설명해 보세요.

---

* 헌법적인 제한 정부란 헌법에 근거하여 정부의 권력을 제한하고 균형을 유지하는 형태의 정부를 가리킨다.

개와 고양이의 만찬

개와 고양이가 모여 사는 마을에 새해가 찾아왔다. 마을 촌장 독수리는 새해에는 심기일전하며 서로 다투지 않는 마을을 만들기로 다짐하고, 주민을 모두 초대하여 만찬을 열기로 했다. 만찬이 열리기 전에 촌장은 자신을 도와줄 개들과 고양이들을 먼저 불러 잔칫상을 준비하게 했다.

새해라서 그런지 개와 고양이 모두 새로운 마음을 가지려는 의지가 보였다. 개와 고양이는 주민의 대부분을 차지하고 있었기에 마을의 미래도 함께 걱정했다.

개들과 평소 사이가 좋지 않았지만 고양이들은 용기를 내서 코를 개 코에 가져다 대며 인사했다.

"에구머니!"

고양이들의 코 인사에 몇몇 개들이 흠칫 놀라 뒤로 물러섰다. 하지만 다른 개들은 고양이들과 반갑게 인사하며 자연스럽게 코 인사를 받아주었다. 잠시 어색한 분위기 속에 물러섰던 개들도 코인사를 흉내 내며 고양이들과 인사를 나눴다. 코 인사법을 흥미로워하던 몇몇 개들은 꼬리를 양옆으로 휘저으며 이 상황을 즐겼다.

"저기, 혹시 저 때문에 화나셨나요?"

한 고양이가 난처한 표정을 지으며, 꼬리를 흔드는 개에게 물었다. 그러자 꼬리를 흔들던 개는 그 말을 듣고 정색을 하며 말했다.

"아니에요. 그냥 반가워서 그런 것뿐이에요."

그 말을 들은 몇몇 고양이들은 뒤에서 서로 속닥거리며 말했다.

"대놓고 화난 티를 냈으면서 거짓말하는 것 좀 봐."

그래도 잔치 준비가 시작되자 개와 고양이는 좀 더 스스럼없이 대화를 하며 일하기 시작했다. 함께 식탁을 나르고, 그 위에 식탁보를 씌우면서 서로서로 도란도란 이야기꽃을 피우기도 했다. 별탈 없이 잔치 준비를 마치자 촌장은 문을 열어 주민들을 맞이하기 시작했다.

"새해 복 많이 받으세요."

"올해도 늘 건강하게 지내세요."

주민들은 새해 인사를 주고받으며 천천히 연회장으로 들어왔다. 주민들은 서로 안부를 묻고 덕담을 주고받았다. 어떤 이들은 이웃과 나눠 먹을 먹거리나 연회장을 꾸밀 장식품을 가져오기도 했다. 그런데 한쪽에서 누군가 큰 소리로 불평을 늘어놓았다.

"아니 글쎄, 굳이 나한테도 코로 인사를 하더라니까요. 가뜩이나 나는 코가 민감한데 왜 자꾸 코를 비비려고 하는지. 자기들끼리야 하든 말든 신경 안 쓰는데, 나한테는 그러지 말라고 몇 번을 말해도, 왜 그렇게 달려드는지. 쯧쯧."

짜증 섞인 목소리에 주민들이 쳐다보기 시작했다. 애써 무시하는 주민들, 동조하는 몇몇 개들, 그리고 그 모습을 바라보는 고양이들. 촌장은 이 모습을 지켜보고는 있었지만, 그저 조용히 지나가기를 바랐다. 그런데 다른 쪽에서도 소란이 벌어졌다.

인사하는 동안 개들이 반갑다고 꼬리를 획획 휘둘러대자 고양이들이 화가 난 것이었다. 인사를 나누자면서 꼬리를 흔들며 다가오는 개들을 보자 고양이들은 털을 바짝 세우며 성난 목소리로 말했다.

"아니 정초부터 벌써 우리 고양이들에게 화내는 거야? 어디서 꼬리를 획획 휘둘러 대! 어? 어디 한번 싸워 보자는 거야?"

개들이 어이없다는 표정을 지으며 한마디 할 기세를 보이자 촌장은 재빨리 끼어들었다.

"어허, 이거 원, 정초부터 왜들 그러세요. 다 좋은 게 좋은 거 아닙니까? 그만 화 푸시고 잔치 시작합시다."

촌장의 말에 다시금 주민들은 소란을 가라앉혔다. 그런데 곧 어린 강아지들이 식탁 사이를 요리조리 뛰어다니자, 고양이들은 얼굴을 찡그리며 속닥였다.

"정초부터 경망스럽기는. 애들 모양새를 보아하니 집안 꼴이 어떨지 뻔해요."

"그러게 말이에요? 가정 교육을 어떻게 하는지…. 애들이 예의도 없고 식사하는데 뛰어다니고 말이에요."

그러나 식탁 사이를 뛰어다니는 것은 강아지뿐만 아니었다. 새끼 고양이들도 함께 깔깔거리며 뛰어다니고 있었다. 한편에서는 개들도 불쾌한 표정을 지으며 속닥였다.

"부모는 안 말리고 뭐 한대요? 하여간 그 부모들도 참. 우리가 너그럽게 봐 주니까 당연한 줄 안다니까요."

"우리 개들이 너무 착해서 그래요. 다음에는 더 따끔하게 말해야지 원."

서로 속닥이는 모습을 보며 또 자기들끼리 속삭였다.

"저 고양이들은 아까부터 뭘 또 저리 속닥거리고 있는 거지?"

"뭐 쟤네들, 뒤에서 험담하는 걸로 유명한 종족이잖아요."

"그러고 앞에서는 엄청 깔끔한 척은 다 하고 다닌다니까요. 역시 못 믿을 종족이야."

그러던 중 아이들을 데리고 온 개 부부와 고양이 부부 사이에서 큰 소란이 벌어졌다.

"어머나, 옆집 고양이 씨 아니신가요?"

"정말이네요. 며칠 안 보이시더니 여행이라도 다녀오셨어요?"

이웃을 보자 새끼 고양이는 그르렁거렸고, 이 소리를 들은 개는 살짝 놀라며 새끼 고양이에게 물었다.

"애야, 어디 기분이 안 좋니?"

개 부부가 걱정스러운 얼굴로 새끼 고양이의 얼굴을 쳐다보자, 새끼 고양이는 놀랐는지 귀를 뒤로 젖혔다.

"아이고, 쓰다듬어 달라고?"

개가 새끼 고양이의 머리를 쓰다듬으려고 하자, 새끼 고양이는 기분 나쁜 듯 개의 손을 할퀴었다.

"어이쿠!"

순간 주위가 조용해졌다. 개나 고양이 모두 어처구니없어했다. 엄마 고양이가 화난 목소리로 따져 물었다.

"아니, 우리 애한테 무슨 짓이에요?"

"무슨 짓이라뇨? 나한테 화를 내며 으르렁거려도 어른이라 참았는데. 쓰다듬어 주려 했더니 갑자기 덤벼들어 할퀴고! 평소에 집안 교육을 어떻게 하는 거예요!"

그러자 고양이 부부는 진짜 화가 난 듯 따지고 들었다.

2부 · 문학작품으로 도덕지능 쑥쑥 기르기

"아니, 듣자 듣자 하니까! 정말 말씀 막 하시네. 얘가 언제 화를 냈어요! 착하고 귀엽기만 한 우리 애를 대놓고 험담하다니! 그리고 애가 싫다는데 왜 쓰다듬으려고 해요?"

"아니, 얘가 언제 싫다고 했소?"

그러자 연회장은 다시 개와 고양이 두 패로 나뉘어 서로 비난하기 시작했다. 촌장만이 그저 망연자실한 표정으로 진정하라고 허공에 외치고 있었다.

1. 도덕적으로 본다면, 마을의 개와 고양이들은 어떻게 행동해야 할까요?

2. 마을 촌장 독수리의 의도와 행동은 도덕적인가요? 왜 그렇게 생각하나요?

3. 개와 고양이가 서로 코를 맞대고 인사를 나누는 행동은 개와 고양이에게 각각 어떤 의미였나요?

4. 몇몇 개들이 고양이에 대해 속닥거리며 비난하는 행동은 도덕적으로 옳은가요? 그 이유는 무엇일까요?

5. 아이들을 데리고 온 개 부부와 고양이 부부 사건에서 어떤 도덕적 문제가 발생했나요? 어떻게 대응해야 할까요?

6. 주민들의 종이 서로 달라 불화가 발생했는데, 어떤 도덕적 원칙을 적용해야 이 문제를 해결할 수 있을까요?

7. 마을 촌장은 이 상황에서 어떻게 대처해야 할까요? 어떤 도덕적 가치를 강조해야 할까요?

8. 인간 사회에도 비슷한 갈등이 발생하고 있나요? 어떤 갈등이 있나요? 이런 갈등을 해결하는 방법은 무엇일까요? 어떤 도덕적 가치가 필요할까요?

관용은 일반적으로 다른 사람의 잘못이나 차이점을 이해하고 받아들이는 태도를 말합니다. 즉, 타인의 견해나 행동, 문화, 신념 등을 이해하고 인정하는 것입니다. 이는 다문화 시대에 다양한 문화와 배경을 가진 사람들과 협력하기 위해 필요한 가치입니다.

철학적 관점에서, 관용toleration 또는 똘레랑스tolérance는 정치, 종교, 학문, 사상 등의 영역에서, 다른 사람과 의견이 다를 때 논쟁은 하되, 물리적 폭력을 동원하지 않아야 한다는 것을 뜻하기도 합니다. 이것은 인간 개개인을 이성적인 주체로 파악하고, 이견이나 쟁점이 있을 때 공개적인 토론을 통해 기존에 가지고 있던 생각보다 더 나은 결론에 도달할 수 있다는 믿음을 바탕으로 합니다. 따라서 관용은 개인 간, 그리고 집단 간 갈등을 해결하고 평화를 유지하며, 구성원이 서로 이해하고 존중하는 사회를 만드는 데 도움을 줍니다.

여러분은 친구의 행동이나 태도에 관용을 보인 적이 있나요? 누구에게, 어떤 상황이었나요? 그것은 도덕적으로 올바른 것이었나요? 왜 그렇게 생각하나요?

황제와 씨앗

옛날 어느 왕국에 한 황제가 살고 있었다. 황제는 백성을 돌보고 국정을 살피며 모든 이의 칭송과 존경을 받았지만, 애석하게도 뒤를 이을 자식이 없었다. 하지만 황제는 이에 별로 개의치 않았다. 항상 신하들에게, 진정으로 백성을 사랑하는 자를 후계자로 삼겠다고 말하곤 했다.

그러나 황제도 많이 연로해졌다. 지금까지는 신하들의 도움을 받아 나랏일을 해 왔지만, 더 이상 후계자 결정을 미룰 수 없었다. 황제는 이 문제로 오랫동안 고심하다가 어느 날 명을 내렸다.

날을 정해 도성 안에 있는 일정 나이대의 어린이들을 궁으로 모두 모으라는 명이었다. 그러고는 아이들에게 어떤 지시를 내리고,

그 결과에 따라 후계자를 정하겠다고 했다. 그 날이 되자, 도성의 어린이들이 황제가 있는 궁에 모였다.

궁궐은 아이들의 목소리로 소란스러웠다. 한 신하가 아이들을 향해 외쳤다.

"황제 폐하 납시오! 모두 예를 갖추어라."

장내는 순식간에 조용해졌고, 모두 무릎을 꿇고 고개를 숙였다. 신하들과 함께 황제가 들어와 자리에 앉았다.

"모두 고개를 들어라."

아이들이 신기한 듯 황제를 바라보았다. 황제는 신하들에게 무언가 가져오라는 듯 손짓했다. 신하들은 커다란 항아리를 가져왔다. 그리고 작은 봉투 꾸러미를 함께 들고 왔다. 황제가 말했다.

"후계자를 정하기 위해, 너희에게 명을 내리겠다."

모든 아이들이 초롱초롱한 눈빛으로 황제를 보며 집중했다.

"너희에게 여기 이 항아리에서 씨앗을 하나씩 꺼내 하사하겠노라. 그러면 너희는 각자 집에 돌아가 화분에 씨앗을 심어 1년 후에 가져오거라. 너희들 중 씨앗을 가장 잘 키운 사람을 후계자로 삼을 것이다."

아이들은 줄을 서서 황제가 주는 씨앗을 하나씩 받았고, 봉투에 담아 각자 집으로 돌아갔다. 부잣집 아이들, 가난한 집 아이들, 높은 지위에 있는 부모를 둔 아이들, 일반 백성의 아이들 모두 공평하게 씨앗을 하나씩 받아 갔다. 황제는 그중 누구도 빠짐없이 항아리에서 씨앗을 직접 꺼내 주었다.

아이들이 씨앗을 화분에 심은 지 어언 1년 가까이 지났을 때였다. 도성의 어떤 집에 링이라는 아이가 있었다. 링도 지난 해 황제가 하사한 씨앗을 화분에 심었지만 웬일인지 전혀 싹이 트지 않았다. 링이 틈틈이 물도 주고 거름도 주며 열심히 키웠지만 1년 가까이 지나도록 아무것도 자라나지 않은 것이다. 황제와 약속한 날이 가까워지자 링의 마음은 점점 초조해졌다. 그날이 되었지만, 결국 화분에는 아무것도 자라나지 않았다. 너무나도 실망한 링은 어머니에게 황제께 보고하지 않는 편이 나을 것 같다고 말했다. 그러자 링의 어머니는 말했다.

"애야, 비록 실망스럽긴 하겠지만 황제께 있는 그대로 아뢰고, 혹 잘못이 있다면 용서를 구하는 것이 옳을 것 같다는 생각이 드는구나."

링은 어머니의 말을 듣고 마음을 다잡았다. 그리고 빈 화분을 그대로 들고 궁에 들어갔다. 궁에는 많은 아이들이 화분을 하나씩 가지고 들어오고 있었다. 화려하게 핀 꽃이 가득한 값비싼 화분을 하인을 시켜 들고 온 아이, 커다란 난초가 자란 화분을 들고 온 아이, 어린나무가 자라고 있는 화분을 들고 온 아이 등 다양했다. 링을 제외하고 모두 잘 자란 식물이 담긴 화분을 들고 있었다. 링은 그 모습을 보자 스스로가 실망스러웠고 부끄러운 마음이 들었다. 아이들이 자기를 보며 수군거리는 듯했다.

아이들은 황제를 알현하기 위해 모두 줄을 섰다. 이윽고 황제가 등장했다. 아이들은 화분을 들고 한 명씩 줄을 지어 황제께 인사를 올렸다. 링은 부끄러운 마음에 자꾸만 뒤로 물러서다가 다투어 앞에 서려는 아이들에게 밀려 맨 뒤에 서게 되었다. 황제는 꽃이나 나무, 그리고 난초 화분을 들고 지나가는 아이들을 지긋이 바라볼 뿐 아무 말이 없었다. 모두 긴장한 모습으로 황제 앞을 지나갔고 결국 링의 차례가 되었다. 링은 쥐구멍에라도 숨고 싶었지만, 어머니의 충고를 떠올리며 계속 마음을 다잡았다. 아무것도 없는 링의 화분을 보자 황제는 오랜 침묵을 깨고 입을 열었다.

"애야, 너의 이름은 무엇이며, 어찌하여 아무것도 피지 않은 화분을 가지고 왔느냐?"

황제의 질문에 링의 가슴은 빠르게 콩닥거렸다. 순간 링의 머릿속에는 '잘 키웠지만 새가 망가뜨렸어요.' 또는 '누가 훔쳐 갔어요.' 하고 변명하고 싶은 충동도 들었다. 하지만 링은 도망치지 않고 용기를 내었다.

"폐하, 저는 링이라고 하옵니다. 그리고 주신 씨앗을 심어 정성스럽게 키워 보았으나, 그만 아무것도 자라지 않았습니다."

왕은 다시금 물었다.

"정말 아무것도 열리지 않았느냐? 다른 아이들은 저렇게 좋은 식물들을 들고 왔는데 말이다. 혹시 식물 보살피기를 게을리한 것 아니냐?"

링은 그저 고개를 숙인 채 어찌할 바를 몰라하며 말했다.

"아닙니다. 폐하, 저는 최선을 다했습니다. 하지만 제 잘못 때문에 황제 폐하의 어명을 따르지 못했다면 용서해 주십시오. 정말 아무것도 자라지 않았습니다."

"어허."

황제의 짧은 탄식 소리에 링은 눈앞이 깜깜해지는 것을 느꼈다. 혹 제대로 일을 해내지 못해 벌을 받을지 모른다는 생각이 들어

몸이 부들부들 떨리기까지 했다. 아이들이 수군대는 소리까지 더해 장내가 어수선해지자 링은 더 큰 두려움에 떨었다. 잠시 후 신하 한 명이 아이들을 조용히 시키자, 황제가 자리에서 일어났다.

"이제 이 나라를 이끌 후계자를 선포하겠노라."

아이들은 기대에 찬 얼굴로 황제를 바라보았다.

"후계자는 바로 여기 있는 링이니라."

그러자 아이들은 더욱 큰 소리로 수군거렸고, 어떤 아이들은 불평하기도 했다. 황제는 웃으며 말했다.

"너희들은 진실로 내가 준 씨앗을 가져다가 심어 키웠느냐?"

아이들은 모두 그렇다며 큰 소리로 답했다. 그러자 황제는 껄껄 웃으며 말했다.

"너희들이 가져간 씨앗이 무엇인지 아느냐? 그건 내가 미리 삶아서 말려 놓은 씨앗들이다. 그런데 그 씨앗으로 무언가를 키웠다는 것은 과연 참말이냐?"

그 말에 아이들은 너무나 놀라 순간 말을 잃었다.

"링은 거짓 없이 고했고, 벌을 받을지 모르는 상황에도 변명하지 않았다. 너희들은 어떠했느냐?"

궁에 모인 사람들 모두 조용히 듣고만 있었다. 황제는 만족스러운 표정으로 링을 일으켜 세우고는 자신의 오른편에 앉혔다. 그 모습에 많은 신하들은 예를 갖추며 새로운 후계자 선정을 축하하였다.

에피소드 13 · 황제와 씨앗

1. 완벽한 결과를 얻는 것과 진정으로 노력하고 결과가 어떻든 받아들이는 것 중 어느 쪽이 더 가치 있다고 생각하나요? 왜 그렇게 생각하나요?

2. 링의 행동은 도덕적인가요? 링이 그렇게 행동하기 위해 필요한 도덕적 가치는 무엇일까요? 왜 그렇게 생각하나요?

3. 링이 후계자로 선정된 이유는 무엇일까요? 황제가 링을 후계자로 선택한 것은 링의 노력과 진정성을 인정했기 때문일까요? 아니면 다른 이유가 있을까요?

4. 링은 결국 어머니의 충고를 따라 황제에게 진실을 말했지만, 마음속으로 갈등도 했어요. 링이 황제에게 진실을 말하기까지 어떤 고민을 했나요?

5. 도덕적인 행동을 하여 마음이 뿌듯했던 경험이 있나요? 언제, 어떤 상황이었나요? 그리고 어떤 느낌과 생각이 들었나요?

6. 도덕적 용기가 필요한 상황을 경험했던 적이 있나요? 어떤 상황이었나요? 그때 여러분은 어떻게 했나요? 그런 태도나 행동은 올바른 것이었나요? 왜 그렇게 생각하나요?

7. 도덕적 용기를 갖기 위해서는 어떤 노력을 해야 할까요?

8. 여러분이 링이라면 어떻게 했을까요? 왜 그랬을 것 같나요?

9. 다른 아이들은 어떻게 식물이 자란 화분을 가져올 수 있었을까요? 그들의 행동은 정당한 것이었나요? 왜 그렇게 생각하나요?

'감명자진구불능매鑑明者塵垢弗能埋'라는 고사성어가 있습니다. 이는 '맑은 거울이 모든 것을 환히 비추어 주는 것과 같이, 사람의 마음도 밝으면 어떤 유혹이나 악행에도 물들지 않고 올바른 도리를 얻는다'는 뜻입니다. 다시 말해, 맑은 거울이 모든 것을 밝게 비추는 것처럼 사람의 마음도 밝으면 마땅히 가야 할 바른길을 걸을 수 있다는 말입니다. 이 말은 지혜와 근본적인 성찰을 강조하며, 바른 마음을 유지하는 것의 중요성을 강조합니다.

바르고 거짓 없는 마음은 내면의 조화로움과 안정을 가져옵니다. 거짓이나 속임수는 스스로에 대한 믿음과 자부심을 잃게 만들며, 내면의 불안과 스트레스를 유발할 수 있기 때문입니다. 정직하고 거짓 없는 삶의 태도는 다른 사람에게 신뢰를 주고, 사회적인 연결을 강화하며, 긍정적인 관계를 형성하는 데 도움이 됩니다.

여러분은 맑고 바른 마음을 지닌 사람인가요? 그런 사람이 되기 위해 어떤 노력을 하고 있나요?

중국 황제와 밤꾀꼬리

크고 아름다운 정원이 있는 궁으로 유명한 나라가 있었다. 황제도 이 정원을 무척 사랑하여 틈나는 대로 거닐기를 좋아했다. 맑은 연못이 있고 조그만 시냇물이 흐르며 양옆으로 아름다운 나무와 수풀이 자라난 정원을 걷기만 해도 마음이 평온해졌다.

오늘도 황제는 정자에 앉아 풍경을 감상하고 있었다. 이렇게 아름다운 정원을 가졌으니 세상의 모든 것을 가진 것과 마찬가지라고 생각했다. 그때 어디서 왔는지 모를 새 한 마리가 나뭇가지에 앉아 노래를 부르기 시작했다. 아름다운 노랫소리에 그곳에 있는 신하들은 물론 황제까지 마음을 빼앗기고 말았다. 노랫소리가 그치자 황제는 신하들에게 물었다.

"저 새는 무슨 새인가? 노랫소리가 참으로 아름다울 뿐만 아니라 들으면 들을수록 마음이 기쁘구나. 저 새를 내 앞으로 불러들이라."

신하들은 황제의 명령대로 새를 데려왔다. 황제는 새에게 다시금 노래를 부르라고 명했다. 그러자 새는 노래를 부르기 시작했다. 그 아름다운 음색에 황제와 신하들은 또다시 감탄했다. 새가 노래를 마치자 황제가 새에게 말했다.

"짐에게 아름다운 노래를 해 준 그대에게 답례를 해야겠구나. 그대의 이름은 무엇인가?"

"저는 밤꾀꼬리라고 합니다."

"어떠한가? 이 정원에서 내 신하로 항상 나와 함께 살며 노래 부르는 것이?"

황제의 제안에 밤꾀꼬리는 잠시 머뭇거렸다.

"네가 여기서 내 신하가 된다면 먹을 것은 전혀 걱정할 필요가 없게 된다."

황제의 손짓에 신하가 접시 가득 통통하게 살찐 먹이를 담아 왔다. 밤꾀꼬리는 머뭇거리며 답을 못하고 있었지만, 황제는 밤꾀꼬리가 이제 자신의 신하가 되었다며 신하들에게 밤꾀꼬리의 시중을 들게 하였다.

밤꾀꼬리에게 비단으로 장식된 황금 새집이 주어졌고, 그의 목에는 아름다운 보석이 박힌 황금 목걸이가 걸렸다. 밤꾀꼬리는 황제에게 감사하며 황제가 부를 때나 자기 전에 노래를 불러 주곤 했다.

하지만 아름다운 정원에서 맛있는 음식을 먹으며, 아름다운 보석과 비단을 두르고, 황금 새집에 살았지만, 밤꾀꼬리에게는 허락되지 않은 것이 있었다. 밤꾀꼬리를 항상 곁에 두고 소유하고 싶었던 황제는 밤꾀꼬리가 다른 곳으로 날아가지 못하도록 항상 감시했던 것이었다. 그렇기에 밤꾀꼬리는 황제의 정원 안에서만 노래할 수 있었다.

얼마 지나지 않아 밤꾀꼬리는 날지 못하는 자신의 처지를 너무나 답답해했다. 그래서 밤꾀꼬리는 황제에게 자유롭게 날아다닐 수 있게 허락해 달라고 간청했다. 그러자 황제는 밤꾀꼬리에게 하루에 한 번 나는 것을 허락했다. 하지만 열두 명의 신하가 밤꾀꼬리 다리에 여러 겹으로 실을 묶어 쥐고 있어야만 날 수 있었다. 밤꾀꼬리는 여전히 답답해했고 황제에게 계속 애원했다. 그러자 하루에 두 번 나는 것이 허용되었고, 이후 낮에 두 번, 밤에 한 번 날 수 있게 됐다. 하지만 밤꾀꼬리는 그러한 비행이 진정 즐겁지 않았다. 모두가 부러워할 만한 호사스러운 삶을 누렸지만, 밤꾀꼬리는 점점 더 지쳐가고 있었다.

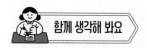

1. 밤꾀꼬리가 처음 황제의 제안을 받았을 때 어떻게 생각했을까요? 왜 그렇게 생각했을까요?

2. 황제는 밤꾀꼬리에게 풍족함과 안락함을 제공했어요. 이것이 밤꾀꼬리의 행복을 보장할 수 있을까요? 밤꾀꼬리가 행복한지 어떻게 알 수 있나요?

3. 황제는 밤꾀꼬리에게 날아다니기를 허락했지만, 여전히 제약이 따랐어요. 밤꾀꼬리가 자유를 누리고 있다고 볼 수 있을까요? 왜 그렇게 생각하나요?

4. 밤꾀꼬리는 황제에게 자유를 간청했어요. 자유는 인간과 동물에게 왜 중요할까요? 다른 존재의 자유를 어떻게 존중할 수 있나요?

5. 밤꾀꼬리의 처지를 생각하면, 황제의 행동과 밤꾀꼬리에 대한 태도를 어떻게 평가할 수 있나요?

6. 밤꾀꼬리의 행복과 복지를 보장하려면 어떤 조치가 필요할까요? 황제는 어떤 행동을 해야 할까요?

7. 밤꾀꼬리가 다른 곳으로 날아갈 수 있게 된다면, 어떤 변화가 일어날까요? 그 일은 그에게 좋은 일일까요? 그렇게 되면 황제는 어떤 점에서 손해를 보게 될까요?

8. 황제는 밤꾀꼬리를 존중했나요? 왜 그렇게 생각하나요? 누군가를 존중한다는 것은 무엇을 의미하나요?

9. 이 에피소드에 드러난 도덕적 갈등은 어떤 가치와 원칙 사이에서 발생하는 것일까요? 이런 갈등을 어떻게 해결할 수 있을까요?

10. 여러분이 행복을 지키기 위해 소중히 여기는 가치는 무엇인가요? 왜 그것들이 중
    요한가요?

이 에피소드는 우리에게 자유란 무엇이고, 진정한 행복에는 왜 자유가 필요한가를 고민하게 합니다. 누군가를 억압하는 것은 우정에서든, 사랑에서든 용인될 수 없으며, 올바른 관계 형성을 위해서는 반드시 상대방의 자유를 존중해야 합니다.

인간의 자유에 대해서는 '세계인권선언'에 구체적으로 제시되어 있습니다. 1948년 12월 10일, 유엔 총회에서 채택된 세계인권선언은 인권의 보편성과 불가침성을 선언한 최초의 문서입니다. 이 선언은 인간의 기본적인 권리와 자유를 보호하고 존중해야 한다는 사상을 담고 있습니다. 시민적, 정치적, 경제적, 사회적, 문화적 권리를 구체적으로 규정하며, 모든 인간의 기본적 권리를 존중해야 한다고 밝힙니다. 이러한 권리는 인종, 성별, 언어, 종교 등과는 무관함을 강조합니다.

선언문은 생명과 자유의 보호, 차별 금지, 공정한 재판 및 법의 평등, 양심의 자유 등과 같은 다양한 인간의 권리와 자유에 대한 내용을 포함합니다. 세계인권선언은 법적 구속력은 없지만 국제관습법*과 같은 효력을 가지며, 유엔 인권보호제도의 초석이 되었습니다. 그 내용의 일부는 다음과 같습니다.

제1조 │ 모든 인간은 태어날 때부터 자유로우며 그 존엄과 권리에 있어

---

* 국제관습법(國際慣習法)은 국제 사회에서 일반적으로 행해지는 관행을 말한다.

동등하다. 인간은 천부적으로 이성과 양심을 부여받았으며 서로 형제애의 정신으로 행동하여야 한다.

제2조 | 모든 사람은 인종, 피부색, 성, 언어, 종교, 정치적 또는 기타의 견해, 민족적 또는 사회적 출신, 재산, 출생 또는 기타의 신분과 같은 어떠한 종류의 차별이 없이, 이 선언에 규정된 모든 권리와 자유를 향유할 자격이 있다. (중략)

제3조 | 모든 사람은 생명과 신체의 자유와 안전에 대한 권리를 가진다.

우리 사회에서 인권을 존중받고 보호받아야 할 사람들이 있나요? 왜 그렇게 생각하나요? 그들의 인권을 보호하는 것은 왜 중요할까요?

양치기 소년의 재판

"늑대다! 늑대가 나타났다!"

아까와 달리 소년은 얼굴에 웃음기가 사라진 채 바들바들 떨고 있었다. 그렇다. 진짜 늑대가 나타난 것이다. 하지만 마을 사람 중 누구도 소년의 말에 반응하지 않았다. 마을 사람들은 이번에도 양치기 소년이 장난치는 것이라 생각하며 소년의 말을 무시했다.

"늑대예요! 늑대! 진짜 늑대가 나타났어요!"

아무도 나타나지 않자, 소년은 자기라도 살아야겠다며 양들을 두고 혼자 도망치기 시작했다.

양을 모두 잃은 양치기 소년은 며칠 후 법원으로 불려와 재판을 받게 되었다. 검사가 양치기 소년의 죄상을 밝히고 마을 사람들을 증인으로 불러 증언을 들었다. 마을 사람들은 크게 흥분했고, 급기야 손가락질하며 양치기 소년을 큰 소리로 비난하기 시작했다. 그러자 판사는 흥분한 마을 사람들을 진정시키며 변호사에게 변호를 시작하라고 말했다.

"존경하는 재판장님, 소년은 분명 양을 돌보고 지켜야 할 책임이 있습니다. 그렇지만 결국 지키지 못했습니다. 그렇습니다. 소년에게 책임이 있음을 누구도 부인하지는 못할 것입니다."

양치기 소년의 변호사는 잠시 말을 멈추더니 방청석에 있는 마을 사람들을 한 번 바라보고는 다시 말을 이었다. 양치기 소년은 무표정으로 일관했지만, 딱히 긴장한 모습은 아니었다.

"하지만 피고인은 어디까지나 그저 장난기 많은 어린 소년입니다. 단지 지루했던 것이지요. 그리고 여러분도 아시다시피 우리나라 법으로는 어린 소년에게 죄를 물을 수도 없으며, 재산 손실에 대해 책임을 지울 수도 없습니다."

피고석에 앉아 있던 양치기 소년은 변호를 들으며 히죽거리고 있었다. 소년도 이 사실을 알고 있었기 때문이었다. 나이가 어려 처벌을 받지 않는다는 것을 말이다. 변호는 계속되었다.

"더구나 소년은 일부러 양들을 죽이려고 그런 것도 아니었습니다. 늑대가 진짜 나타났을 때 소년은 두려움에 떨면서도 마을 주

민들에게 늑대가 나타났다고 알리지 않았습니까? 그리고 그 전에 수시로, 그러니까 '늑대다, 늑대가 나타났다!'라고 외친 것은 악의 없이 그저 지루함을 달래기 위해 장난을 친 것에 불과합니다."

변호사의 변론이 끝나기가 무섭게 이를 지켜보던 주민들이 버럭 화를 내며 소리쳤다.

"장난이라니! 말을 아무리 막 하더라도 때와 장소가 있는 법이야. 안 그래?"

"맞아, 맞아!"

주민들이 맞장구치며 양치기 소년과 변호사를 비난하는 목소리로 장내가 소란해졌다. 판사는 사람들을 진정시키기 바빴다.

"조용! 조용! 자꾸 소란 피우면 모두 퇴장시킬 겁니다!"

장내가 조용해지자 변호사는 다시 변론을 이어 갔다.

"여러분은 이 소년을 비난하고 있습니다. 단지 그런 '말'을 했다는 이유로 말이죠. 그런데 우리나라의 최고법에서는 뭐라고 하고 있습니까? 모든 사람은 누구에게도 침해당하지 않을 '표현의 자유'가 있다고 하지 않습니까? 그렇다면 불이 나지 않았어도 '불이야!'라고 외칠 자유도 있는 것 아니겠습니까?"

사람들은 여전히 수군거리며 불평했지만, 판사의 경고를 받은 터라 아까처럼 소란을 피우지는 못했다. 변호사의 변론에 피고 양치기 소년은 점점 더 기세등등한 모습을 보였다.

"그리고 마을 주민 여러분, 어린 소년의 장난에 불만이 가득했던 분들에게도 물어보고 싶습니다."

변호사는 이제 마을 주민을 향해 물었다.

"이 순진한 소년의 장난스러운 말에 불만을 터뜨리시며 처벌을 원하셨던 분들께 특히나 묻고 싶습니다. 자, 여러분, 소년이 늑대가 나타났다고 외쳤을 때, 여러분께는 이 소년과 양들을 보호해야 할 의무가 있지 않았습니까? 그런데 왜 여러분들은 자신의 의무는 지키지 않고 소년을 벌주려고 하십니까? 이 소년은 처벌할 수 없는 어린 나이이기도 하지만, 여러분의 재산인 양들을 죽일 의도도 없었으며, 단지 국민으로서 마음껏 표현할 수 있는 자유를 누렸을 뿐인데 말입니다. 사실 잘못은 여러분들께 있는 것 아닙니까?"

그러자 한 주민이 말했다.

"아니, 법이 있고 없고 간에 여론이란 것과 법 감정*이란 게 있소! 저 소년 때문에 많은 사람의 마음이 다치는 것이야말로 최고 법에 위반되는 것 아니요?"

그러자 여기저기서 동의한다는 박수가 쏟아져 나왔다. 변호사는 이에 답하며 말했다.

"여론이나 법 감정만으로 사람을 심판한다고요? 그러면 여러분 마음에 불편함이 있거나 기분이 나쁘면, 그걸 내세워 아무나 마구 벌줘도 된다는 말입니까? 그게 여러분이 말하는 정의입니까?"

이쯤 되자 법정은 다시 소란스러워졌고, 판사는 큰 소리로 정숙하라고 외쳐 댔다. 양치기 소년은 그 모습을 바라보며 팔짱을 낀 채 조롱하듯 씩 웃고 있었다.

---

* 여론은 대중의 공통된 의견을 말하며, 법 감정은 사회 구성원이 법에 대해 가지고 있는 일반적인 견해나 감정을 말한다.

1. 진짜 늑대가 나타나 양치기 소년이 '늑대다!' 하고 외쳤을 때, 마을 사람의 반응은 어땠나요? 그들은 왜 그런 반응을 보였을까요? 여러분이 만약 마을 사람이었다면 어떻게 반응했을까요?

2. 양치기 소년이 양들을 포기하고 도망친 이유는 무엇인가요? 이것은 정당한 행동일까요? 혹은 도덕적으로 비난받아야 할 행동일까요? 왜 그렇게 생각하나요?

3. 양치기 소년이 법원으로 불려와 재판을 받은 이유는 무엇인가요?

4. 변호사는 마을 사람을 대상으로 어떤 주장을 했나요? 변호사의 주장은 타당했나요? 왜 그렇게 생각하나요?

5. 마을 사람들은 변호사의 주장에 어떤 반응을 보였나요?

6. 변호사는 마을 사람들의 반박에 어떻게 대응했나요?

7. 법정의 분위기는 어땠나요? 왜 그런 분위기가 조성됐나요?

8. 마을 사람들이 양치기 소년을 비난하고, 그가 처벌받기를 원한 것은 도덕적으로 옳을까요? 왜 그렇게 생각하나요?

9. 양치기 소년은 나이가 어려서 법적 책임을 지지 않을 거라는 사실을 알고 있었어요. 이것에 대해 어떻게 생각하나요? 어린 소년에게 법적 책임을 묻지 않는 것은 항상 옳은 원칙일까요? 몇 살부터 법적 책임을 지는 것이 적절할까요? 왜 그렇게 생각하나요?

10. 소년범에 대한 우리나라 현행법은 어떤가요? 촉법소년이 무엇인지 알고 있나요?

11. 변호사는 양치기 소년의 '표현의 자유'를 주장했고, 마을 사람들은 '법 감정'을 이 야기했어요. 둘 중 무엇이 더 우선시되어야 할까요? 표현의 자유를 보장하는 것 과 법 감정을 존중하는 것 사이에는 어떤 균형이 필요할까요? 왜 그렇게 생각하 나요?

12. 여론이나 법 감정은 사회 정의와 어떤 관련이 있을까요? 뉴스에서 여론과 법 감정 에 관한 사례를 본 적 있나요? 이에 대해 어떻게 생각하나요?

13. 양치기 소년은 마지막에 팔짱을 낀 채 웃으며 마을 사람들을 조롱하는 듯한 모 습을 보였어요. 이런 행동은 도덕적인 행동일까요?

14. 양치기 소년에게 어떠한 조치를 취해야 한다고 생각하나요? 그것은 도덕적으로 올바른 것인가요? 왜 그렇게 생각하나요?

 **메타인지를 높여 봐요** 〉 미성년자의 책임 소재 문제

이 에피소드는 책임 소재 문제에 대해 생각하게 합니다. 또한 법적으로는 문제되지 않지만 도덕적 책임이 발생하는 상황을 보여 줍니다. 도덕적 삶이란 책임과 의무를 수반하기에, 사실상 동네 사람이나 양치기 소년 모두 도덕적으로 문제가 있다고 볼 수 있습니다. 우리는 법으로 해결되지 않는 부분을 어떻게 보완해야 사회를 안정적으로 이끌어 갈 수 있을지 고민해야 합니다.

에피소드에 드러난 책임 소재 문제는 최근 우리나라에서 화제가 되고 있는 '촉법소년' 문제와 연결해 생각해 볼 수 있습니다. 정식 명칭은 '형사미성년자'이지만 일명 '촉법소년'으로 더 잘 알려져 있습니다. 구체적으로는 형사책임 연령인 만 14세가 되지 않은 소년범을 가리키며, 대한민국 소년법에서는 '10세 이상 14세 미만인 소년'이 촉법소년에 해당됩니다. 촉법소년은 형사 처벌의 책임이 성인과 다르게 적용될 수 있습니다.

2000년대 이후 촉법소년의 수가 크게 늘고 있지만, 처벌 기준 연령은 낮아지지 않아 논란이 많습니다. 촉법소년이 저지른 범죄가 심각한 경우에도 형사 처벌을 받지 않는다는 점에서 불공평하다는 의견이 많습니다. 또한, 촉법소년이 보호 처분을 받더라도 재범률이 높다는 문제가 지적되고 있습니다. 우리나라 형법 제9조는 다음과 같이 규정하고 있습니다.

'제9조(형사미성년자) 14세가 되지 아니한 자의 행위는 벌하지 아니한다.'

여러분은 법의 테두리 안에서 법을 이용해 악한 일을 저지르는 것에 대해 어떻게 생각하나요? 사회는 그런 문제에 대해 어떠한 조치를 취할 수 있고, 취해야 할까요?

오즈의 마법사

도로시와 친구들은 오즈로 가는 여정 중에 끝없이 펼쳐진 거대한 숲을 만났다. 숲길로 들어서는데 겁쟁이 사자가 뒤쪽 수풀에 숨어 두려워하며 말했다.

"숲.. 으로 누.. 누가.. 간다고?"

겁쟁이 사자가 떨리는 목소리로 더듬거리며 물었다.

"그냥 우리들뿐이야. 양철 나무꾼, 허수아비 그리고 나, 도로시."

도로시가 겁에 질린 사자를 진정시키려고 애쓰며 쾌활하게 대답했다.

"미.. 미안."

풀이 죽은 겁쟁이 사자가 수풀에서 나와 사과했다.

"나..난.. 요즘.. 신경..이 좀.. 곤두서.. 있..을 뿐이야. 나..나는 요..용기가 없으..니까."

그러자 허수아비가 사자를 다독이며 말했다.

"하지만 너 저번에 정말 용감했잖아. 윙키 가드를 물리쳤을 때 기억해?"

겁쟁이 사자는 한숨을 내쉬며 말했다.

"그..그건.. 별..생각 없이 한 거야. 사실.. 나는 그..그때 겁이 나서.. 제정신이 아니..었거든."

도로시는 사자의 갈기를 쓰다듬으며 위로했다.

"하지만 두렵지만 용기를 내서 무엇인가 해냈다는 게 중요하잖아?"

그러자 양철 나무꾼이 맞장구쳤다.

"맞아! 용기는 우리 내면에서 나오는 거야. 겁이 없어지는 게 아니라, 기꺼이 두려움과 맞서 싸우려고 하는 거야. 단지 그러면 되는 거야."

겁쟁이 사자는 생각에 잠긴 채 고개를 끄덕였다.

그리고 겁쟁이 사자는 속으로 생각했다.

'그래, 너희가 한 말을 이해할 것 같아. 두려워하지 말라는 것이 아니라, 해야 할 일을 해내기 위해 두려움에 맞서 계속 전진해야 된다는 말이겠지.'

167

"그..그래, 나..나도 너희들..과 가..같이..갈래."

겁쟁이 사자는 도로시 일행과 함께 숲속으로 발걸음을 옮겼다.

그때 갑자기 앞쪽에서 커다란 울음소리가 들려왔다. 순식간에 나무들이 흔들리고 쓰러졌다. 도로시와 허수아비, 그리고 양철 나무꾼은 놀라서 급히 수풀로 몸을 숨겼다. 하지만 겁에 질린 사자는 미처 숨지 못했고, 무섭게 달려오던 코끼리와 딱 마주치게 되었다.

겁쟁이 사자는 코끼리 앞에서 다리가 후들거렸다. 식은땀이 흐르고 아무 생각도 나지 않았다. 하지만 친구들이 숨은 수풀 쪽으로 도망친다면 코끼리가 따라와 친구들을 해칠 것 같았다.

그러자 사자는 크게 포효하기 시작했다. 떨리는 가슴을 억누르며 코끼리를 노려 보았다. 사자는 무섭고 두려웠지만, 이를 악물고 애써 견뎌 내었다. 코끼리가 코를 휘두르며 공격하자, 사자는 살짝 피하며 앞발을 휘둘러 코끼리의 코를 힘껏 할퀴었다. 사자의 급작스러운 공격에 놀란 코끼리는 고통스러워하며 멀리 도망갔다. 사자가 코끼리와 싸워 이기는 모습을 지켜본 도로시와 양철나무꾼, 그리고 허수아비는 환호하며 사자에게 다가왔다.

"사자야, 정말 대단해. 진짜 용맹했어!"

"맞아! 오즈의 마법사에게 부탁할 필요도 없었어!"

"넌 진정한 영웅이야! 우리 모두를 구한, 우리들의 친구야!"

사자는 아직도 덜덜 떨고 있었고, 자신이 한 일을 믿을 수 없었다. 그런데 한편으로는 안도감이 밀려오며, 왠지 모를 자신감이 마음 한구석에서 솟아오르는 것 같았다.

"나..나도 용기..가.. 있다는 거지?"

"당연하지! 이제 너를 용감한 사자라고 부를게!"

친구들의 격려와 칭찬에 사자는 용기가 용솟음치는 듯했다. 도로시 일행은 다시금 오즈를 향해 발걸음을 옮겼다.

1. 거대한 숲을 마주쳤을 때, 사자는 도로시 일행에게 자신의 감정을 어떻게 표현했나요?

2. 도로시와 친구들은 어떻게 사자를 도와주었나요? 그들의 행동은 어떤 도덕적 가치를 담고 있나요?

3. 허수아비는 어떻게 사자를 격려하고 용기를 북돋워 주었나요? 그의 말은 어떤 도덕적 가치를 강조하고 있나요?

4. 여러분은 도로시 일행처럼 누군가를 격려해 본 적이 있나요? 또는 격려를 받아본 적이 있나요? 그때 여러분은 어떤 느낌을 받았나요?

5. 코끼리가 나타났을 때, 사자는 왜 도망치지 않고 코끼리와 맞서 싸웠나요? 그런 행동을 하게 된 배경은 무엇이었을까요?

6. 도로시와 양철 나무꾼, 그리고 허수아비가 사자를 칭찬하고 격려했을 때, 사자의 마음은 어떻게 변화했나요?

7. 여러분은 두려움에 맞선 적이 있나요? 언제, 어떤 상황이었나요? 그때 여러분의 감정은 어땠나요?

8. 일상생활에서 용기를 내어 두려움을 이겨 내는 것이 중요하다고 생각하나요? 어떤 상황에 용기가 필요할까요?

9. 도로시 일행에게 어떤 도덕적 가치를 배울 수 있을까요? 그것이 왜 중요한가요?

10. 도덕적 용기란 무엇일까요? 어떤 상황에서 필요할까요? 도덕적 용기를 기르기
    위해서는 어떤 노력을 해야 할까요? 여러분은 도덕적 용기와 관련해 어떤 사람이
    되고 싶은가요?

 〉 불의에 맞서는 용기

이 에피소드는 용기는 어디서 생겨나는가에 관해 곰곰이 생각하게 합니다. 용기는 타고나는 것이 아니라 스스로 각오를 다지며 용감한 행동을 실천할 때 생긴다는 것을 보여 줍니다.

불의에 맞서는 용기를 잘 보여 주는 사례로, 일제 강점기 유관순 열사의 행적을 떠올릴 수 있습니다. 그녀는 1902년 충청남도 천안에서 태어난 여성 독립운동가입니다. 1919년 3월 1일, 서울 도심에서 일제에 항거하는 만세 운동이 일어났을 때, 유관순 열사도 다른 학생들과 함께 만세 시위에 참여했습니다. 당시 그녀는 어린 소녀였습니다. 이후 4월 1일, 유관순 열사는 천안 아우내 장터에서 '나라를 되찾아 독립을 이루자'는 내용의 연설을 하고, '독립 만세'를 부르며 시위에 나섰다가 투옥되었습니다.

유관순 열사는 1920년 11월, 옥중에서 순국했습니다. 그녀는 19세의 어린 나이에도 조국의 독립을 위해 헌신하였으며, 불굴의 용기를 보여 주었고, 여성 독립운동가의 상징으로 기억되고 있습니다. 그녀가 보여 준 굳센 의지와 용기는 오늘날 우리에게 큰 귀감이 됩니다.

유관순 열사가 보여 준 용기는 여러분에게 어떤 가치를 전달하나요? 여러분은 유관순 열사를 비롯한 독립운동가들을 기리는 '서대문형무소' 같은 역사적 장소를 방문해 본 적이 있나요?

멧비둘기와 도시 비둘기

시골에 사는 멧비둘기가 친척인 도시 비둘기를 방문하러 도시에 올라왔다. 기차가 역에 도착하여 지붕에 타고 있던 멧비둘기가 하늘로 날아오르자, 저 멀리서 도시 비둘기가 날아와 반갑게 맞이했다.

"어이, 오느라고 수고했어."

"초대해 줘서 고맙네."

도시 비둘기는 멧비둘기와 달리 깃털 색이 도시의 건물 색과 비슷했고, 목 주변에는 아름답게 빛나는 깃털을 두르고 있었다. 도로를 달리는 자동차와 바쁘게 살아가는 수많은 사람들, 그리고 사람들 사이에서 바삐 움직이는 수많은 비둘기가 눈에 띄었다.

"잘 따라와. 아무래도 도시란 게 복잡해서, 한눈팔다가는 큰일 나니까 말이야."

멧비둘기가 내려다본 도시는 볼거리가 정말 가득했다. 이윽고 철교 구조물 사이에 위치한 도시 비둘기의 집에 도착했다.

"여기가 우리 집이야. 좀 쉬었다가 밥 먹으러 가자고."

철교 구조물 사이에는 비둘기 집이 옹기종기 모여 있었다. 녹슬어 가는 철교는 배변과 깃털로 지저분하고 고약한 냄새가 났지만, 친척의 말에 따르면 도시 사는 비둘기에게는 그나마 호사스럽고 귀한 보금자리라고 했다. 그곳엔 많은 비둘기가 보금자리를 틀고, 가정을 이루고 새끼도 키우고 있었다.

"이제 밥 먹으러 가자고."

도시 비둘기의 재촉에 멧비둘기도 함께 어딘가로 날아갔다. 점심시간이 다가오자 광장에는 많은 사람이 벤치에 앉아 점심을 먹고 있었다. 사람들 주변에는 벌써 다른 비둘기들과 참새들이 눈치를 슬슬 보며 모여들고 있었다. 그때, 샌드위치를 든 아이가 여기저기 구경하며 두리번거리고 있었다.

"오호!"

그 순간, 도시 비둘기가 아이를 향해 위협하듯 날아올랐다. 그러자 아이는 소스라치게 놀라며 그만 샌드위치를 손에서 떨어뜨리고 말았다. 아이는 속상함을 감추지 못하면서도 어쩔 수 없다는 듯 툴툴거리며 다른 곳으로 가 버렸다. 잠시 아이가 떠나는 것을 지켜보던 도시 비둘기는 냉큼 샌드위치 쪽으로 향했다. 친척의 이런 모습을 바라보던 멧비둘기는 도시 비둘기에게 물었다.

"아니, 어린 애 음식은 왜 빼앗아?"

"이건 빼앗거나 훔친 게 아냐. 싸워서 되찾은 거지. 인간들 때문에 우리 새들이 얼마나 착취당하고 피해받았는지 알아?"

에피소드 17 · 멧비둘기와 도시 비둘기

"저 아이가 너한테 뭘 했는데?"

그러자 도시 비둘기는 눈을 부릅뜨며 말했다.

"우리 새들은 피해자야, 피해자! 인간은 우리에게 해를 끼치는 나쁜 존재고!"

멧비둘기는 이해할 수 없었지만, 그 말을 할 때 도시 비둘기의 눈은 이글거렸고 확고한 신념에 차 있었다. 멧비둘기는 대꾸하지 못하고, 도시 비둘기와 함께 먹이를 향해 다가갔다. 도시 비둘기는 새들의 번영을 위해 모든 새는 힘을 합쳐 인간과 싸워야 한다는 말을 연신 중얼거렸다.

아이가 먹다 떨어뜨린 샌드위치를 노리는 건 그들만이 아니었다. 몸집이 조그마한 참새들은 겁이 많아 원래 사람 근처에는 잘 가지 않았지만, 먹을 것을 구하기 힘들었는지 사람들 눈치를 보며 빵 주변으로 다가가기 시작했다. 도시 비둘기가 본격적으로 떨어진 빵을 쪼아 먹기 시작하자 참새들도 끼어들어 빵 조각을 쪼아 먹었다. 멧비둘기도 지나가는 사람들이 무섭긴 했지만 눈치를 살피며 부스러기를 쪼기 시작했다.

승리감에 취해 있던 도시 비둘기가 먹이를 먹다 주변을 둘러보더니 갑자기 성을 내며 참새들을 쫓아내기 시작했다.

"이것들이 어디서 내 밥을 건드려!"

그러자 참새 몇 마리가 불평했다.

"아니, 같이 먹으면 안 돼? 세상이 다 자기 맘대로야?"

그러자 도시 비둘기가 크게 성내며 참새들을 내쫓았다.

"아니, 이 쪼매난 것들이! 어딜 비둘기랑 맞먹으려 해?"

떨어진 빵을 다 먹어 갈 때쯤 멧비둘기가 물었다.

"그런데 새들끼리 사이좋게 지내야 하지 않을까? 아무래도 힘을 합치려면 말이야."

그러자 도시 비둘기가 콧방귀를 뀌며 한심하다는 듯이 이야기했다.

"하여간 세상 물정을 모른다니까. 저 쪼그만 것들이 내가 인간하고 싸우는 데 보태 준 거라도 있어?"

멧비둘기는 '그래도…' 하고 생각했지만, 차마 입 밖으로 내지는 못했다. 빵 조각을 거의 다 먹자 도시 비둘기는 주변을 둘러보기 시작했다. 잔디밭에 있는 유모차 옆에 참새들이 모여, 아기가 떨어뜨린 과자 부스러기를 쪼아 먹고 있었다. 그 모습을 보자 도시 비둘기는 서둘러 그쪽으로 날아갔다. 그리고 아기 엄마의 눈치를 보며 주변을 서성이다가 점점 먹을 것 쪽으로 다가가더니 참새들을 몰아내기 시작했다. 이를 본 멧비둘기가 다시 물었다.

"아니, 저건 원래 참새들이 먹던 거잖아."

그러자 도시 비둘기는 콧방귀를 뀌며 말했다.

"그동안 내가 인간들과 얼마나 많이 싸웠는데, 저 참새들은 고맙다는 말 한 마디도 없었어. 난 그저 정의를 지킬 뿐이야. 참새들이 자기들 주제를 모를 뿐이지."

도시 비둘기가 참새를 몰아내고 먹이를 먹는 동안, 다른 비둘기 무리가 이 모습을 보고 슬금슬금 다가왔다. 그러자 도시 비둘기는 목 부위의 깃털을 부풀리며 그들을 내쫓기 시작했다. 멧비둘기는 당황하며 물었다.

"저들은 우리랑 같은 비둘기들이잖아. 왜 그래?"

도시 비둘기는 더 이상 못 참겠다는 듯이 핀잔을 주며 멧비둘기에게 쏘아붙였다.

"그러니까 네가 세상 물정 모르는 어수룩한 비둘기라는 거야! 알아?"

이제는 날개까지 퍼덕거리며 다른 비둘기를 쫓는 도시 비둘기였다.

"저들도 참새들과 다를 바 없어! 어딜 내가 찾은 먹이에 부리를 얹어? 얹기를!"

당당한 도시 비둘기의 모습을 멧비둘기는 아무 말 못 하고 지켜보았다. 여기저기서 새들의 싸움이 벌어지는 도시공원은 오늘도 평화로웠다.

 함께 생각해 봐요

1. 도시 비둘기와 멧비둘기의 행동에서 각각 어떤 도덕적 가치를 찾을 수 있나요?

2. 도시 비둘기는 다른 새들을 몰아내는 행동을 정당화하기 위해 어떤 이유를 들었나요? 그런 행동은 어떻게 평가할 수 있나요?

3. 도시 비둘기는 자신의 행동을 정의롭게 여기며 자랑스러워했어요. 이런 그의 행동은 다른 새들에게 어떤 영향을 미칠까요?

4. 도시 비둘기와 멧비둘기 중 어떤 비둘기가 더 도덕적이라고 생각하나요? 왜 그렇게 생각하나요?

5. 인간과 새의 관계에 대해 어떤 도덕적 고민을 할 수 있을까요? 여러분은 평소 새들을 어떻게 대했나요? 공원에서 비둘기를 보았을 때, 어떤 생각을 했나요?

6. 우리 사회에도 에피소드 속 갈등 상황과 유사한 상황을 발견할 수 있나요? 어떤 상황들이 있나요? 그런 갈등을 어떻게 해결할 수 있을까요?

7. 도시 비둘기와 멧비둘기는 다른 새나 인간을 서로 다른 시각으로 보고 있어요. 둘은 각각 어떤 시각으로 보고 있나요?

8. 이 에피소드에 나타난 새들 간의 갈등을 조화롭게 해결하는 방법은 무엇일까요? 새들은 서로에게 이해와 배려를 보이고 있나요?

9. 도시 비둘기의 행동이 도시 환경에서의 생존과 번영에 도움이 되는 방식일까요? 그는 왜 다른 새들과 협력하거나 조화롭게 지내기를 포기했을까요? 왜 그렇게 생각하나요? 서로 공존할 수 있는 방법은 무엇일까요?

정의正義, justice는 사회 구성원이 공정하고 올바른 상태를 추구해야 한다는
가치로, 사회를 구성하고 유지하는 데 중요합니다. 정의는 상호주관성을 통
해 사회 구성원이 서로 협력하고 상호 작용함으로써 이루어집니다.

'상호주관성相互主觀性, intersubjectivity'은 개인의 주관성이 서로 상호 작용하며
공통된 부분을 형성하는 것을 말합니다. 주관성은 개인이 자신의 경험을 해석
하고 이해하는 방식입니다.

따라서 상호주관성은 두 주체가 서로의 주관성을 이해하고 공유할 수 있게
해 줍니다. 이는 양방향적으로 이루어지며, 상대방의 주관성을 이해한다는 것
은 둘이 서로 의존하고 있고 연관되어 있음을 알고 존중하는 것을 포함합니
다. 따라서 상호주관성은 우리가 다양성을 존중하고 포용하게 하며, 서로 협
력하고 배려하는 관계를 형성하게 합니다. 덧붙여 상호주관성은 '사티로스와
나그네', '동물농장' 같은 에피소드와도 연계하여 생각해 볼 수 있습니다.

여러분의 삶에서 상호주관성은 다양한 관계를 형성하는 데 어떤 역할을 했
나요? 가족이나 친구와의 상호 작용을 중심으로 이야기해 봅시다.

베짱이의 소망

베짱이 가족은 막 공항에 도착하였다. 베짱이네는 일에 얽매이기
보다는 더욱 값진 삶, 그리고 행복한 인생을 사는 것이 무엇보다 중
요하다고 생각하는 가족이었다. 그런 마음가짐으로 베짱이 가족은
수년에 걸쳐 세계 여행을 했고, 이제 막 돌아오던 참이었다.

장기간의 여정을 끝내고 고향에 돌아온 베짱이는 남다른 감회
에 젖었다. 베짱이 가족에게 즐거운 삶이란 무엇과도 바꿀 수 없
는 것이었다. 그렇기에 이번 세계 여행을 위해 거의 모든 재산을
처분했고, 아이들은 학교도 휴학해 가며 큰 결심을 했던 것이다.
확실히 쉬지도 못하고 일만 하는 개미들의 삶보다는 훨씬 더 의미
있는 삶이라고 아빠 베짱이는 생각했다.

"아빠, 정말 아쉬워요. 정말 재미있는 여행이었어요."

"맞아, 여보, 정말 행복한 시간이었어."

만족하는 가족들의 말에 아빠 베짱이는 뿌듯해하며 다시금 생각했다. '그래! 이게 인생이지. 인생을 즐기지도 못하고 일만 하는 개미들에 비해 얼마나 멋진 삶인가!' 스스로 감탄하며 베짱이 가족은 오랫동안 비워 뒀던 집에 도착했다. 집에는 온갖 청구서가 먼지와 함께 수북이 쌓여 있었다.

"역시나 자본주의에는 공짜가 없네."

"흡혈귀라니까. 기업이든 나라든."

"얼마나 우리 곤충들 피를 빨아먹어야 만족하려나?"

여행을 위해 재산의 대부분을 처분하고 떠난 터라, 청구서에 적힌 돈을 내려면 다시 일자리를 찾고 일을 해야 했다. 하지만 아빠 베짱이가 일자리를 구하기는 쉬운 일이 아니었다. 성실하지 못하고 언제나 자신의 권리만 주장하던 모습 때문이었는지, 과거에 일하던 곳들을 찾아갔지만 모두 퇴짜를 맞았다. 그러자 아빠 베짱이는 생각했다.

"이게 다 개미들 때문이야. 개미들이 내 일자리를 빼앗았을 뿐만 아니라 나 같은 베짱이들을 착취하고 있어."

분노에 찬 베짱이는 가족들 앞에서 주먹으로 책상을 세게 쳤다.

"도대체 이 나라는 나 같은 서민을 위해 해 주는 게 하나도 없어! 어서 돈 벌어서 이 나라를 떠나야지, 원."

베짱이 부부는 허드렛일만 간신히 구해 근근이 살아가기 시작했다. 아이들도 다시 학교를 다니기 시작했지만, 오랫동안 쉬었던 탓에 학교생활에 쉽게 적응하지 못했다. 수업 시간이든 방과 후든, 공부는 하지 않고 여행지에서의 행복했던 기억을 떠올리며 몽상에 빠지기를 즐겼다. 베짱이네 아이들은 항상 반 친구들에게 학교는 학생들에게 공부를 강요하고 자유를 빼앗는 존재라며 떠들어 댔다.

"이 나라에서 학교를 다니는 건 정말 최악이야."

"도대체 우리 인권은 어디 있는 거야? 이게 다 주입식 교육 때문이야!"

베짱이네 아이들은 매일 반 친구들에게 학교와 나라에 대한 불만을 토해냈다.

이러한 생활이 계속되자, 베짱이 가족의 형편은 점점 더 안 좋아졌다. 아이들의 학업 문제도 더욱 심각해졌다. 베짱이 가족에게는 행복했던 여행의 추억을 떠올리며 주변에 자랑하는 것이 유일한 낙이었다. 그저 스스로를 위안하며, 이 불편한 현실을 벗어나 훌쩍 여행을 떠나고 싶다는 꿈만 꾸었다.

1. 베짱이 가족이 중요하게 생각하는 가치는 무엇인가요?

2. 여행과 현실은 어떤 차이가 있을까요? 우리 삶은 현실일까요? 여행일까요?

3. 여행에서의 기준과 기대치를 현실에도 동일하게 적용할 수 있을까요? 베짱이 가족의 불만은 정당한 것일까요?

4. 도덕지능은 책임과 의무를 다한 현실을 전제로 하기 때문에, 책임과 의무를 소홀히 하거나 무시한 채로 판단하면 잘못된 길로 빠질 수 있습니다. 베짱이 가족이 불만을 가지는 것이 도덕적으로 문제가 되는 이유는 무엇일까요?

5. 여러분은 무언가에 불만을 느낀 적이 있나요? 어떤 상황에, 누구에게, 또는 무엇에 느꼈나요? 그것은 정당한 것이었나요? 왜 그렇게 생각하나요?

6. 여러분은 학교에서 불만을 토로한 적이 있나요? 어떤 상황에서 그렇게 했나요? 또는 그러한 친구를 본 적이 있나요? 그때 어떤 감정이나 생각이 들었나요?

7. 베짱이 가족이 여행지에서의 추억에 집착하며 현실을 도피하려 하는 행동은 도덕적으로 옳을까요? 왜 그렇게 생각했나요? 불편한 현실을 극복하기 위해 베짱이 가족에게 필요한 것은 무엇일까요? 그들은 무엇을, 어떻게 해야 할까요?

제齊나라 경공景公이 공자에게 이상적인 정치가 무엇인지 묻자, 공자는 '군군 신신 부부 자자君君 臣臣 父父 子子'라고 답했습니다. 이는 『논어』 안연顏淵 편에 나오는 구절로, 각자의 위치에서 자신의 역할을 충실하게 수행하는 것을 의미합니다. '군군'은 임금이 임금답게 행동하고 임금의 역할을 수행하는 것이고, '신신'은 신하가 신하답게 행동하고 신하의 역할을 수행하는 것입니다. 또한 '부부'는 부모가 부모답게 행동하는 것이고, '자자'는 자녀가 자녀답게 행동하는 것입니다. 이 말은 사회 질서와 역할 분담의 중요성을 강조합니다. 개개인이 자신의 위치에서 책임감 있게 행동하고 각자 맡은 역할을 올바르게 수행한다면, 사회가 저절로 원활하게 운영될 것이라 말합니다. 이는 공자의 정명사상正名思想을 반영하는데, '정명'이란 이름을 바르게 한다는 의미입니다. 정명사상은 각자가 자신의 위치에서 (이름에 맞는) 올바른 행동과 역할을 수행하면 사회 질서와 조화가 유지될 것임을 암시합니다.

여러분에게 '군군 신신 부부 자자'라는 구절은 어떤 의미를 가지나요? 여러분은 현재 가정과 사회에서 어떤 역할을 맡고 있나요? 그 위치에서 여러분은 어떻게 행동해야 할까요? 공자의 정명사상은 오늘날에도 유효한가요? 왜 그렇게 생각하나요?

당나귀 팔러 가는 아버지와 아들

옛날 어느 한 마을에 아버지와 아들이 당나귀를 장에 팔기 위해 끌고 가고 있었다. 햇살이 뜨겁게 내리쬐고 바람 한 점 없는 날이었지만 두 사람은 서로 말없이 묵묵히 길을 걸었다. 이따금씩 당나귀가 내는 '히힝' 소리 말고는 아무 소리도 들리지 않았다. 터벅터벅 아버지 뒤를 따라가고 있던 아들의 얼굴은 상기되어 있었고, 꽤나 지쳐 보였다.

어느 마을을 지날 때쯤이었다. 때마침 나무 그늘에서 쉬고 있던 상인들이 두 사람을 보더니 이내 손가락질하고 웃으며 수군거렸다.

"저기 저 사람들 보게. 당나귀가 멀쩡히 있는데도 놀리면서 끌고 가고 있네, 그려."

"하하, 어리석어서 그렇지. 그나저나 우리 당나귀들한테 괜히 미안해지네. 하루 온종일 짐 싣고 다니느라 고생인데 말이야."

멀찍이서 이들의 말을 들은 아버지는 그 말이 옳다고 생각했다. 당나귀가 있는데 굳이 두 사람 모두 걸어갈 필요가 없었다. 그래서 아버지는 지쳐 보이는 아들을 얼른 당나귀에 태웠다. 그리고 다시 길을 가기 시작했다.

시간이 한참 흘러 이들은 논과 밭을 지나 한 정자를 지나고 있었다. 그곳에서는 어르신들이 바둑을 두며 담소를 나누고 있었다. 어르신들은 두 사람이 당나귀를 끌고 지나가는 모습을 발견하자 손가락질하며 수군거렸다.

"허허, 말세야 말세."

"아니 왜?"

"저길 좀 봐. 애가 당나귀를 타고 가고 있고, 늙은 애비는 이 더운 날 터벅터벅 걸어가고 있잖아."

"저런 불효막심한 자식 놈을 봤나."

"자식 놈도 자식 놈이지만, 저 애비라는 자도 문제야. 가뜩이나 애들이 버릇이 없는데, 저렇게 오냐오냐하며 키우니. 쯧쯧."

이 말에 아들과 아버지는 서로를 머쓱하게 바라보다가, 이번에는 아버지가 당나귀를 타고 아들이 당나귀를 끌고 가기 시작했다.

또 한참이 지났다. 이들은 냇가에서 동네 아낙네들이 시끌벅적
하게 수다 떨며 빨래하는 빨래터를 지나고 있었다. 아낙네들도 두
사람을 유심히 바라보더니 수군거리기 시작했다.

"아이고, 아버지란 사람이 애 힘든 줄 모르고 혼자서만 편히 가
고 있네."

"저기, 저 애 좀 봐. 이 더위에 땀으로 흠뻑 젖었네. 저러고도 늙
어서 부모라고 큰소리치며 대접이나 받으려 하겠지?"

"글쎄, 혹시라도 집에서 애를 학대하는 게 아닌지 모르겠어. 쯧
쯧쯧."

그러자 아버지와 아들의 얼굴에는 당황하는 빛이 역력했다. 아
버지는 생각했다.

'아니, 이러면 이래서 문제! 저러면 저래서 문제! 도대체 어떻게
하라는 건지, 원!'

결국 아버지와 아들은 둘 다 당나귀에 타고 가기로 하였다.

해가 뉘엿뉘엿 저물어 가고 있었다. 지친 두 사람이 들판을 지날
때였다. 거기에는 동네 아이들이 나와서 놀고 있었다. 아이들은
두 사람을 보자마자 손가락질하며 떠들기 시작했다.

"당나귀가 불쌍해!"

"당나귀는 얼마나 힘들까? 아무리 말 못하는 동물이라지만 저리 잔인하게 대하다니."

"저러다가 당나귀는 얼마 못 가 죽고 말거야."

아이들의 비난에 귀가 따가웠던 두 사람은 지나가던 한 서생을 붙잡고 자초지종을 말하며 지혜를 구했다.

서생은 뭔가 우쭐거리는 듯한 말투로 둘에게 자신의 답을 들려주었다.

"아니, 대단한 문제도 아니지 않소. 그냥 끌고 가도, 아버지나 아들이 타고 가도, 그리고 둘이 타도 안 되니, 남은 선택은 하나뿐이오. 바로 당나귀를 당신들이 짊어지고 가는 것만 남지 않았소?"

'옳거니!'

아버지는 서생의 말이 정답이라고 생각하여 당나귀의 다리를 묶은 후, 긴 막대기에 끼워 짊어지고 가게 되었다. 이들이 조그만 강의 다리를 건널 때였다. 다리를 지나던 사람들은 두 사람의 모습을 보고 웃으며 구경하기 시작했다. 이윽고 구경꾼들은 점점 늘어났다.

사람들의 반응을 아는지 모르는지 아버지와 아들은 끙끙거리며 힘들게 다리를 건너고 있었다. 작은 다리를 당나귀까지 짊어지고 건너자, 다리가 생각보다 더 흔들리는 듯했다. 그리고 거꾸로 매

달려 있던 당나귀는 물 흐르는 모습에 놀라 푸드득 하며 버둥거렸다. 그러자 아버지와 아들의 몸도 휘청거렸다.

'첨벙!'

아버지와 아들, 그리고 당나귀 모두 그대로 물에 빠지고 말았다. 이를 지켜보던 사람들은 박장대소를 하며 두 사람을 비웃었다.

1. 아버지는 왜 번번이 당나귀를 데리고 가는 방법을 바꾸었나요? 왜 그랬을까요?
   아버지의 행동은 바람직한 것이었을까요? 왜 그렇게 생각하나요?

2. 타인의 비난이나 편견에 맞서서 자신의 가치를 지킬 수 있는 방법은 무엇일까요?

3. 타인이나 다수의 의견을 그대로 따르는 것이 항상 옳을까요? 다수의 의견을 따
   르지 않아도 되는 경우도 있나요?

4. 타인의 비난에 줏대 없이 흔들리지 않고, 독립적으로 판단할 수 있는 방법은 무
   엇인가요? 어떻게 여러 가지 시각을 고려하면서도 자기 주관성을 유지할 수 있
   을까요?

5. 사회적 압력이 있음에도 어떻게 자신의 가치와 원칙을 유지하고 표현할 수 있을
   까요? 어떻게 자기 신념을 보호하면서 타인과의 관계를 유지할 수 있을까요?

6. 여러분은 친구나 다른 사람의 의견에 좌지우지된 적이 있나요? 그러한 결정과 행
   동은 올바른 것이었나요? 왜 그렇게 생각하나요?

7. 타인의 비난이라는 위험을 감수하면서까지 도덕적인 주관을 유지하고 실천해야
   할까요? 왜 그렇게 생각하나요? 그리고 이러한 비난을 감수하면서도 지켜야 하
   는 도덕적 선택과 실천에는 어떤 것들이 있을까요?

8. 여러분이 만약 아버지라면, 각각의 상황에 어떻게 대처했을까요? 왜 그랬을 것
   같나요?

이 에피소드는 타인의 비난에도 주관을 지키고 실천하는 자세에 대한 내용입니다. 도덕적 주관을 갖거나 용기 있게 신념을 실천하는 것이 중요하다는 교훈을 줍니다. 우리는 선택과 실천의 상황에서 용기에 대해 되새겨볼 필요가 있습니다. 도덕지능은 냉혹한 인간 현실을 바탕으로 하기에, 매 순간 지혜롭고 균형 잡힌 결정을 내리기 위해 숙고해야 합니다.

이 에피소드에 등장하는 많은 사람은 모두 자신의 관점과 기준으로 다른 사람을 너무나 쉽게 판단하고 비난합니다. 이러한 모습은 우리 사회에서도 종종 발견할 수 있습니다. 자신만이 옳고, 타인의 견해나 판단은 그르다며 섣불리 단정 짓는 사람들을 본 적 있을 것입니다. 이러한 사람들은 일종의 도덕적 오만함을 가졌다고 볼 수 있습니다. 이러한 태도를 지닌 사람들 속에서 자신의 신념과 도덕적 가치, 그리고 생각을 지키기 위해서는 도덕적 주관성이 필요합니다. 이때 필요한 것이 도덕적 정체성입니다. 물론 개인의 도덕적 주관성이 올바르지 않거나 지나친 것도 문제가 될 수 있습니다.

따라서 우리는 항상 자신의 견해와 판단이 옳은지 세심히 살펴야 합니다. 그뿐만 아니라 올바른 가치관을 확립하고 선택과 행동의 순간에 이러한 신념을 지키고 행하는 것 또한 중요합니다. 그러나 잊지 말아야 할 것은 자기 자신에 대해서도 늘 신중함을 잃지 않는 것이며, 올바른 주관을 형성하기 위해 끊임없이 자신을 객관적으로 바라보는 자세를 지니는 것입니다.

여러분은 친구나 다른 사람의 시선 때문에 의도치 않게 여러분의 뜻을 굽히

거나 옳지 않은 행동을 한 적이 있나요? 언제, 어떠한 상황이었나요? 그때 여러분은 어떤 감정과 생각을 갖게 되었나요?

노아의 방주

노아는 오늘도 목재를 다듬고 맞추며 배를 만들고 있었다. 대홍수를 대비해 배를 만들기 시작한 지 얼마나 되었을까. 이제는 기억도 나지 않을 만큼 오랜 세월이 지났다.

"할아버지, 도대체 언제 비가 온다는 거예요? 비도 안 오는데 배만 만들고 있다고 애들이 놀린단 말이에요."

손자 가나안의 투덜거리는 말에도 노아는 그저 미소 지으며 고개만 끄덕일 뿐이었다. 가나안의 아버지 함도 한마디 거들었다.

"아버지, 자식 말도 좀 듣고 하세요. 세상 고지식하게 살지 마시고요. 아버지 말씀이라 저도 이러고는 있지만, 먹고사는 일도 걱정해야죠. 남들처럼 돈도 모으고 출세도 해야 되는데, 가족들 모두 이게 뭐예요? 우리가 가만히 놀고먹을 처지는 아니라고요."

손자에 이어 아들의 푸념에도 노아는 그저 묵묵히 일만 했다. 자신이 받은 말씀을 한 번도 의심하지 않았다. 목재를 구하러 마을에 가면, 사람들의 비아냥거림과 조롱은 더 심해졌다.

"저기 봐. 정신 나간 노인네 지나간다."

"깔깔깔, 열심히 농사지어서 배나 만들고 있다니."

"그러게 말이야. 그런 지 벌써 백 년 넘었다나?"

"아무리 바보라도 백 년쯤 되면 정신 차려야 하지 않아? 깔깔!"

어찌 보면 동네 사람들이 노아를 비웃는 일도 무리는 아니었다. 거의 백 년 동안 아무 일도 일어나지 않았다. 특히나 그들이 사는 마을은 높은 지역인 데다 비도 많이 오지 않는 곳이었고, 근처에는 강이나 바다도 없었다. 이 때문에 동네 사람들에게는 엄청나게 큰 방주를 만든다고 애쓰는 노아의 모습이 그저 어리석어 보일 뿐이었다. 특히 매일 밤낮으로 흥청망청 놀며 욕망대로 살아가는 마을 사람들에게 노아는 그저 좋은 험담 거리에 불과했다.

"그 늙은이 오늘도 왔어?"

"그래."

"그 말씀인지 뭔지. 그게 뭔지 모르겠지만, 한 번 살다 가면 그만인 인생. 뭐 별거 있어? 그저 즐기며 사는 게 좋은 거 아냐?"

"맞아, 맞아."

"눈치 보지 말고 나만 좋으면 되고, 즐기면서 살면 그만인 거지."

"뭔 놈의 말씀을 지킨다고 사서 고생을 하는지, 원, 쯧쯧쯧."

"말씀이란 게 밥 먹여 주는 것도 아니고 말이야."

"맞아, 쾌락도 재미도 없는 세상이라면 차라리 지옥이 낫지."

언제나처럼 사람들은 소란스럽게 지껄이며 삼삼오오 모여 앉아 연거푸 술잔을 비웠다. 노아는 사람들 무리를 조용히 지나쳐 제 갈 길을 갔다. 다만, 옆에서 걷던 아들만이 얼굴이 벌겋게 달아오른 채 분한 표정을 감추지 못할 뿐이었다.

1. 노아는 왜 오랜 세월 동안 배를 만들고 있나요? 무엇 때문에 배 만드는 일에만 집중하나요?

2. 동네 사람들은 왜 노아를 비웃고 조롱했나요?

3. 동네 사람들이 노아를 조롱하고 험담하는 것은 도덕적으로 옳을까요? 이들의 태도와 행동은 다른 사람에게 어떤 영향을 미칠까요? 왜 그렇게 생각하나요?

4. 다른 사람이 중요하게 생각하는 가치를 얕보거나 비난하는 행위는 도덕적으로 옳을까요? 왜 그렇게 생각하나요?

5. 우리는 어떤 경우에 다른 사람을 비판할 수 있나요? 왜 그렇게 생각하나요?

6. 손주와 아들의 불평을 들었을 때 노아의 기분은 어땠을까요? 마을 사람들의 험담을 들었을 때 노아는 어떤 기분이 들었을까요?

7. 마을 사람들이 험담을 할 때 노아는 어떻게 대처했나요? 그러한 대처는 적절하다고 생각하나요? 왜 그렇게 생각하나요?

8. 도덕적 신념이란 오랜 시간 동안 사람들에게 외면당하더라도 지켜야 하는 것일까요? 왜 그렇게 생각하나요?

9. 여러분은 도덕적 신념을 갖고 있나요? 그러한 신념은 올바른 것인가요? 이를 지키기 위해 여러분은 어떤 노력을 하고 있나요?

이 에피소드는 도덕적 신념에 관한 이야기입니다. 희미하고 모호해 보이는 목표에 도달하려고 고군분투하는 인물을 보여 줍니다. 도덕적 신념을 지키는 일은 시간이 오래 걸리며, 외롭고, 가끔은 조롱과 멸시로 괴로울 수도 있지만, 이를 극복해 내는 노력만으로도 가치가 있음을 보여 줍니다.

하지만 우리가 도덕적 신념을 지키고자 할 때, 먼저 그것이 지킬 가치가 있는지 확인하는 것이 중요합니다. 그다음에는 그것을 실천하고자 하는 도덕적 의지, 그리고 불이익에 맞서는 용기가 필요합니다. 따라서 우리는 진정으로 인간이 지켜야 할 도덕적 가치가 무엇인지에 대해 먼저 심사숙고해야 합니다. 도덕은 더 나은 길로 나아가는 것이며, 책임과 의무뿐만 아니라 용기, 의지, 결단, 그리고 모든 것을 판단하는 지혜를 포함합니다. 이 모든 것은 도덕지능을 이루는 구성 요소입니다.

더불어 이 에피소드를 통해 비판과 비난에 관해서도 생각해 볼 수 있습니다. 건설적인 비판은 개인이나 조직의 성장과 발전에 매우 중요합니다. 비판은 문제점이나 부족한 점을 지적하고, 개선 가능한 방향을 제시함으로써 발전을 이룰 수 있도록 도와줍니다. 그러나 비난은 상대방을 모욕하거나 공격하려는 의도가 담겨 있습니다. 따라서 상대방에게 불쾌한 감정을 불러일으킬 수 있으며, 대화와 협력을 방해할 수도 있습니다. 비난은 상호 간의 신뢰와 존중을 불가능하게 하고, 갈등과 분열을 야기합니다. 그러므로 다른 사람의 의견에 대해 이야기할 때, 상대방을 존중해야 하며 건설적인 방향으로 의견을 표현해야 합니다. 건전한 비판은 문제를 개선하고 자신과 상대방 모두 성장할 기회를 제공합니다.

여러분은 친구의 의견을 건설적으로 비판한 적이 있나요? 어떤 상황, 어떤 의견에 대한 비판이었나요? 혹은 여러분은 누군가를 비난한 적이 있나요? 그 이후 상대방과 여러분의 관계는 어떻게 되었나요? 여러분의 태도는 올바른 것이었을까요?

시시포스의 신화

저승의 신 하데스가 인간 영혼을 심판하는 자리였다. 그날따라 유달리 많은 올림포스 신들이 관심을 가지고 관람하러 왔다. 시시포스라는 이름의 죄인은 교활하게도 신들을 속이고 감금까지 하여 세상의 질서를 어지럽혔다는 죄로 심판을 받고 있었다.

"시시포스, 네 죄를 네가 알렸다!"

하데스의 쩌렁쩌렁한 목소리는 저승에 있는 모든 영혼을 움츠리게 만들 정도였다. 그러나 시시포스는 오히려 미소를 띠며 반문했다.

"하데스 님이시여. 제가 무슨 죄를 지었는지 솔직히 잘 모르겠습니다."

"이런 발칙한!"

부들거리는 하데스의 목소리에 저승의 영혼들은 두려움에 떨었고, 그 모습을 바라보던 신들은 얼굴을 찌푸렸다.

"먼저, 너는 지켜 마땅한 신의 비밀을 누설한 죄를 인정하는가?"

"무슨 비밀이요? 저는 평생 신들을 존경하며 살았습니다."

"뭣이라? 너는 올림포스 최고신인 제우스의 비밀을 강의 신 아소포스에게 일러바치지 않았느냐?"

그러자 시시포스는 의아한 표정을 지으며 반문했다.

"비밀이요? 아, 제우스 님께서 아소포스의 딸 아이기나를 납치한 일 말인가요? 그게 비밀인가요? 그건 그냥 범죄 아닌가요?"

올림포스 신들은 수군거렸고, 심판대를 지켜보던 제우스도 언짢은 표정을 숨기지 않았다. 저승의 심판대까지 찾아와 이를 지켜보던 전쟁의 신 아레스와 운명의 세 여신이 시시포스에게 크게 외치며 항의했다.

"네 놈이 죽음의 신 타나토스를 감금한 탓에 전쟁이 엉망이 되었단 말이다."

"그뿐만이 아니다. 세상에 죽음이 사라져 우리 세 자매가 열심히 짜고 있던 운명의 실타래가 엉망진창으로 꼬여 버린 탓에 얼마나 곤란했는지 아느냐?"

그러자 하데스는 항의하던 네 명의 신을 진정시켰다.

"이러하듯 네 놈은 신을 능멸하고, 세상을 혼란스럽게 하며 어지럽혔다. 이렇게 죄가 무거운데도 네가 할 말이 있다는 것이냐?"

말이 떨어지기 무섭게 시시포스는 하데스에게 당당하게 물었다.

"하데스 님이여, 그렇다면 죽음의 신 타나토스는 진정 당신의 명령에 따라 공정하게 일을 했다는 말씀이십니까?"

이 말에 하데스의 표정이 굳어졌다. 사실 시시포스에게 죽음의 신 타나토스를 보낸 것은 하데스가 아니었다. 그리고 시시포스의 영혼을 가져오도록 예정되어 있던 것도 아니었다. 제우스가 자신의 비밀을 아소포스에게 알렸다는 이유로 시시포스에게 격분해, 예정에 없던 일을 시킨 것이다. 이를 예상한 시시포스가 타나토스를 감금했던 것이었다.

하데스는 시시포스의 물음에 반박하기 어려웠다. 최고신 제우스의 체면을 깎는 일이면서, 완력에 있어서는 누구에게도 지지 않는다는 타나토스의 명성에도 먹칠하는 일이었다. 더구나 저승의 기강과 위엄에도 의심을 품게 만들 수도 있었다.

"네 이놈!"

분노에 차 부들부들 떨던 하데스는 다시 말을 이었다.

"네 놈이 아무리 무죄를 주장하더라도, 나와의 약속을 어기고 나를 능멸했다는 것은 부인하지 못할 것이다!"

과거에 제우스가 전쟁의 신 아레스를 시켜 간힌 타나토스를 구하고 시시포스를 저승으로 끌고 왔지만, 시시포스는 끌려오기 전에 아내에게 미리 이야기해 놓았다. 만약 자기가 죽으면 장례를 치르지 말고 광장에 내버려 두라고.

그렇게 저승에 오게 된 시시포스는 하데스 앞에서 가짜 눈물을 흘리며, 아내가 장례도 치러 주지 않았다고 원망하며 지상으로 보내 달라고 간청했다. 내려가서 아내를 벌주고 돌아오겠다고 했다. 하데스는 그 약속을 믿고 시시포스를 지상으로 돌려 보냈었다. 하지만 시시포스는 하데스와의 약속을 어기고 평생을 살다가, 수명을 다한 뒤에나 다시 저승으로 오게 된 것이다.

준엄한 얼굴을 한 하데스를 바라보며 시시포스는 스스로를 변호했다.

"하데스 님, 제가 그 약속을 할 때 언제까지 돌아오겠다고 말했습니까? 제가 주어진 수명보다 더 살고 온 것도 아니고 수명을 다하여 저승으로 온 것 아닙니까?"

하데스의 얼굴은 다시 붉으락푸르락했다. 시시포스의 말은 모두 사실이었기 때문이다. 그러나 하데스는 자신을 비롯한 다른 신들을 능멸한 이 수치스러운 사건을 덮기 위해 시시포스를 회유해야겠다고 생각을 했다.

"시시포스여, 나는 자비롭다. 네게 마지막으로 은혜를 베풀고자 한다."

시시포스는 대답 없이 하데스의 말을 듣기만 했다.

"시시포스여, 네 놈의 죄를 인정하고 그동안의 잘못과 인간 생애의 어리석음을 반성하며 신에게 절대 충성을 맹세한다면, 너를 저승의 다른 인간들의 영혼과 동등하게 대우하겠다."

시시포스는 하데스의 이러한 제안에도 시큰둥하게 반응했다. 하데스에게 인간의 영혼은 그저 저승 세계의 노역을 영원히 담당하는 일꾼에 불과했기 때문이다. 시시포스의 시큰둥한 반응에 하데스는 격노하여 은혜를 베푸는 대신 처벌을 내렸다.

"네가 그렇게 좋아하는 허망한 인생을 반성하지 않는다면, 이 저승에서 영원한 형벌을 겪게 해 주겠다."

시시포스에게는 커다란 바위를 산의 정상에 올려 세워 놓으라는 형벌이 주어졌다. 그런데 그 바위는 산 정상에 올리면 다시 아래로 굴러떨어지기 때문에 처음부터 다시 밀어 올려야만 했다. 이 영원한 형벌에는 끝이 없었다. 벌을 받는 동안 운명의 여신이나 다른 신들은 종종 그 모습을 바라보며 깔깔거리곤 했다. 하지만 시시포스는 억지로 형벌을 받는 모습이 아니었다. 그는 스스로의 뜻에 따라 묵묵히 바위를 밀어 올렸다. 조롱하는 신들을 전혀 신경 쓰지 않으면서.

1. 하데스는 시시포스가 약속을 어겼다며 벌주려고 했지만, 시시포스는 약속을 어기지 않았다고 주장했어요. 시시포스의 주장은 도덕적으로 타당한가요? 왜 그렇게 생각하나요?

2. 하데스는 시시포스에게 마지막으로 은혜를 베풀기 위해 회유했어요. 하데스의 제안을 받아들이는 것은 도덕적으로 바람직한 선택인가요? 왜 그렇게 생각하나요?

3. 시시포스는 어떤 신념을 갖고 있나요? 그러한 신념은 도덕적으로 올바른 것인가요? 왜 그렇게 생각하나요?

4. 시시포스는 은혜 대신 형벌을 받게 되었는데, 자발적으로 선택한 것이었어요. 그의 행동은 도덕적으로 옳은가요?

5. 시시포스는 계속해서 굴러떨어지는 바위를 끊임없이 정상으로 밀어 올리는 형벌에 처했어요. 시시포스는 왜 형벌을 순순히 받아들였을까요? 왜 형벌에서 벗어나려 노력하지 않았을까요?

6. 시시포스는 신들의 조롱에도 묵묵히 바위를 밀어 올렸어요. 그의 인내와 투지는 도덕적으로 가치가 있나요? 왜 그렇게 생각하나요?

7. 여러분도 다른 사람의 이목이나 평가에도 굴하지 않고 지키고자 하는 신념이 있나요? 그 신념은 도덕적으로 가치가 있나요? 왜 그렇게 생각하나요?

제우스는 프로메테우스가 만든 인간을 없애고 더 완벽한 인간을 만들려고 했습니다. 그 사실을 안 프로메테우스는 자신이 만든 인간을 지키기 위해 신들 몰래 신들의 세계에 있는 불을 훔쳐 인간에게 줍니다. 인간들은 프로메테우스가 가져다준 불을 이용해 새로운 무기와 도구를 만들고 농사도 짓습니다. 그 결과 인간의 수는 급속히 늘어나고 세력이 커지게 됩니다.

이 때문에 분노한 제우스는 프로메테우스를 코카서스의 바위산에 쇠사슬로 묶어 놓고 매일 독수리에게 간을 쪼이게 합니다. 하지만 하루가 지나면 다시 간이 재생되어 또다시 독수리에게 쪼아먹힙니다. 프로메테우스는 오랜 기간의 고통에도 제우스의 협박과 회유에 굴복하지 않습니다. 3천 년 후 헤라클레스가 나타나 독수리를 활로 쓰러뜨리자 프로메테우스는 풀려나게 됩니다.

시시포스 신화와 프로메테우스 신화는 '노아의 방주' 에피소드와 마찬가지로, 도덕적 가치와 신념을 지키는 것이 무의미해 보일지라도 끝까지 저항하는 것이 나은가, 아니면 현실적으로 타협하는 것이 더 나은가를 다루고 있습니다.

프로메테우스는 어떤 형벌을 받았나요? 프로메테우스의 신화에서 얻을 수 있는 교훈은 무엇일까요?

두 남자와 술동이

어느 한 마을에 어리석은 두 남자가 살고 있었다. 이들은 나이를 먹고도 일하지 않고 놀기만 했다. 마을 사람들은 이들에게 성실히 살라며 눈치를 주거나 손가락질했지만, 두 사람은 사장님 소리를 들으며 편하게 돈 벌고 놀고만 싶었다.

어느 날 두 사람도 정신을 차렸는지 장사를 해 보려고 마음 먹었다. 바로 가게를 차리고 장사를 시작하고 싶었지만, 밑천이 없어 그럴 수 없었다.

그러던 중 둘이 평소 술지게미를 얻어먹던 양조장 사장이 이러한 사정을 알고 도와주겠다며 말을 건넸다.

"이보게, 그럼 내가 술을 싸게 줄 테니 옆 마을 장터에서 팔아보는 것은 어떤가?"

두 사람은 놀라 눈이 휘둥그레지며 외쳤다.

"네? 괜찮으시겠어요? 저희는 얼마에 팔아야 할지도 잘 모르는데….."

"뭐 어떤가? 처음 해보는 게 다 그런 거지. 술 한 동이를 은화 10닢에 사서 40에서 50닢으로 팔아보는 거지."

그러자 기가 살짝 죽어 보였던 두 사람은 얼굴에 생기를 띠며 말했다.

"그럼, 이 큰 술잔 하나에 2닢씩 받으면 되겠군요."

"맞아. 그러면 한 동이에 40닢 가까이 벌 수 있겠네."

그러자 사장은 미소를 띠며 두 사람에게 제안했다.

"그래? 할 마음이 있나보군. 그럼 내일 일단 술동이 하나를 맡겨보겠네. 아직은 경험도 없고 하니, 서서히 파는 양을 늘리는 것을 목표로 하고 말이야."

양조장 사장과 약속을 하고 두 사람은 각자 내일 장사를 위해 집으로 향했다.

"이제 좀 어깨를 펴고 살 수 있겠구먼."

"그런데, 양조장 사장 좀 쪼잔하지 않아? 겨우 술 한 동이를 팔라니?"

"그건 그래. 누구 코에 붙이라고? 두 동이씩 맡기면 하루에 80닢도 벌 수 있을 텐데 말이야."

"저래서 있는 사람들이 더 독하다니깐."

다음 날이 되었다. 두 사람은 아침 일찍 양조장에서 술을 한 동이 받아 왔다. 원래는 은화 10닢을 주고 사야 했지만, 그나마 알고 지낸 사이라 외상으로 얻었다. 둘은 술동이를 지고 옆 마을로 향했는데, 옆 마을이라지만 가깝지는 않고 고개를 여러 개 넘어야 했다.

평상시 나태하게 살던 두 사람이 아침 일찍 일어나 그것도 항아리를 번갈아 지고 가자니 여간 힘든 것이 아니었다. 처음에는 서로 사장님이라고 부르며 기분을 냈지만 마을을 벗어난 지 얼마 되지 않아 둘은 이내 지쳤고 흥도 더 이상 나지 않았다.

그때 둘 중 한 명이 말했다.

"어이, 사장님."

"왜 그러시나요? 사장님?"

"목도 칼칼하니 술 한 잔만 팔지 않겠는가?"

"여부가 있겠습니까요? 하하하."

하지만 두 사람 모두 돈이 없던 터였고, 그건 서로가 잘 알고 있었다.

"허허, 미안하지만 돈이 없네 그려. 어떤가? 큰맘 먹고 외상으로

해 주면 내가 나중에 이자까지 쳐서 갚아줌세."

"하하, 사장님, 우리 사이에 뭐가 문제겠습니까? 사정이 사정이니만큼 큰맘 먹고…."

그리고 술을 외상으로 판 남자가 술동이를 짊어지고 다시 고개를 넘어가기 시작했다. 얼마나 걸었을까, 언덕 중턱에서 술동이를 내려놓더니 힘들다면서 자기도 술을 외상으로 사고 싶다고 말했다. 그러자 다른 남자가 말했다.

"사장님, 무슨 걱정이신가? 나야 아까의 외상값도 갚고, 좋은 게 좋은 거지. 허허."

이런 식으로 두 사람은 고개를 하나씩 넘을 때마다 술동이를 내려놓고 서로 외상으로 술을 마시며 옆 마을로 걸어갔다.

해가 중천에 떠오른 시간에 두 사람은 벌써부터 얼굴이 술에 취해 벌게진 상태로 옆 마을에 도착했다. 그런데 둘이 얼마나 외상술을 마셔댔는지 술동이에 술이 하나도 남아 있지 않았다. 그러자 한 사람이 말했다.

"어라? 벌써 술이 떨어졌네 그려?"

"그러게 말이야. 하지만 그냥 마신 것도 아니고 술을 다 판 거나 마찬가지 아닌가?"

"오, 맞네 그려. 어허, 장사가 이리도 쉬운 걸. 진작 장사를 할걸 그랬네. 사장님."

"이리도 운이 좋은 날이 있단 말인가? 우리도 취할 정도로 마시고, 장사도 다 마치고."

"하하하, 오늘 참 운이 좋네. 역시 세상은 이래야 살 만하지."

두 사람은 웃으며 빈 술동이를 들고 그대로 마을로 돌아가기 위해 발걸음을 옮겼다.

1. 이 에피소드에 등장한 두 사람의 태도와 행동은 도덕적으로 옳은 것일까요? 왜 그렇게 생각하나요?

2. 양조장 사장은 왜 아들에게 장사 제안을 했을까요? 그 선택에서 도덕적 가치를 찾아볼 수 있나요? 왜 그렇게 생각하나요?

3. 두 사람이 외상으로 서로에게 술을 팔기로 했을 때, 그들의 판단은 옳은 것일까요? 왜 그렇게 생각하나요?

4. 두 사람의 삶의 태도와 선택에 대해 어떻게 생각하나요? 이들의 모습에서 문제점을 발견할 수 있나요? 만약 있다면, 그것은 도덕적인 측면하고도 관련되어 있나요? 왜 그렇게 생각하나요?

5. 성실한 삶의 모습은 도덕적일까요? 왜 그렇게 생각하나요? 나태하고 게으른 것은 비도덕적일까요? 왜 그렇게 생각하나요?

6. 만약 이 두 사람에게 도덕적 지혜가 있었다면, 어떤 삶의 모습을 보여 주었을까요? 왜 그렇게 생각하나요?

7. 이 에피소드에서 어떤 교훈을 얻을 수 있나요? 도덕적인 측면에서 어떤 가치나 원칙이 강조되고 있나요?

이 에피소드는 지혜롭지 않게 살아가는 두 사람의 모습을 보여 줍니다. 이들은 특별히 타인에게 해를 가하지는 않는 것처럼 보입니다. 그러나 이들의 삶을 자세히 들여다보면, 무엇인가 탐탁지 않아 보입니다. 이들이 결코 바람직한 인생을 살고 있다고 자신 있게 말하기도 어렵습니다. 왜 그럴까요?

도덕지능은 단지 덕목을 학습하거나 도덕이론을 답습하여 얻을 수 있는 것이 아니며, 현실에 안주하고 타협하며 적당히 사는 삶에서 얻는 것 또한 아닙니다. 도덕지능을 갖추는 것은 더 나은 삶으로 향하는 길에서 올바르게 분투하는 것입니다. 그리고 이것은 자아실현과 밀접합니다.

자아실현과 연관 지어 생각해 볼 수 있는 개념은 매슬로우의 자아실현입니다. 심리학자 매슬로우Abraham Maslow는 욕구단계이론Hierarchy of Needs에서 인간이 진정한 잠재력을 실현하고 내면적인 만족과 성취를 이루기 위해 지속적으로 성장하려는 성향을 갖고 있다고 강조합니다.

매슬로우는 인간의 욕구를 다섯 계층으로 분류했습니다. '생리적 욕구'는 생존에 필수적인 욕구로 식사, 수면, 숨쉬기 등을 포함합니다. '안전의 욕구'는 신체적 안전을 추구하는 욕구로 보호와 관련됩니다. '사랑과 소속의 욕구'는 사회적 교류와 소속감을 추구하는 욕구로 가족, 친구, 사회적 관계 등과 관련됩니다. '존중의 욕구'는 인정받고 존중받고자 하는 욕구로 능력, 업적, 자신감을 발휘해 충족할 수 있습니다. 그리고 '자아실현의 욕구'는 개인의 잠재력을 실현하고 삶의 전체적인 만족을 추구하는 욕구입니다.

▲ 욕구 5계층

    매슬로우는 인간의 욕구단계이론에서 낮은 단계의 욕구가 어느 정도 충족되어야 높은 단계의 욕구를 추구할 수 있다고 주장했습니다. 그러나 그의 이론의 핵심은 자아실현의 욕구에 초점을 두고 있습니다. 자아실현 욕구에는 개인의 열정, 창의성, 자아성취 등이 중요한 역할을 합니다. 이를 실현하기 위해 개인은 자신의 가치를 인식하고 성장을 추구하며, 내적인 동기와 열정을 가지고 의미 있는 삶을 살아가는 것이 중요합니다.

    여러분의 자아실현 욕구는 무엇인가요? 여러분은 자아실현의 욕구를 충족하기 위해 어떠한 노력을 하고 있나요? 여러분은 자신의 성장과 발전을 위해, 그리고 더 나은 여러분의 모습을 위해 고군분투해 본 적이 있나요?

사람은 무엇으로 사는가

러시아의 한 마을에 마음은 따뜻하지만 가난한 구두장이 시몬이 살고 있었다. 그의 가족은 농부의 집에 세 들어 살며 변변한 외투조차 없이 지냈다. 그와 아내는 거의 누더기가 된 외투를 번갈아 입었다.

어느 겨울날 아침, 시몬은 외상 손님들에게 구두 수선비를 받아 외투를 만들 가죽을 사오겠다고 큰소리를 치며 집을 나섰다. 하지만 수금이 제대로 되지 않아 허탕을 치고 말았다. 홧김에 그는 수금한 돈 일부로 술을 마시고 얼큰하게 취한 채 집으로 돌아가고 있었다.

'그깟 겨울 외투 하나 없다고 사람이 죽진 않잖아?'

그렇게 위로하며 집으로 가던 그가 교회 근처를 지날 때쯤 교회 옆 구석에 한 젊은이가 알몸으로 덜덜 떨며 웅크려 있는 것이 보였다. 시몬은 겁이 나서 못 본 체하고 그냥 지나치려고 했다. 하지만 마음 한구석에서 양심의 가책이 느껴졌다. 이런저런 갈등을 하던 시몬은 벌거벗은 젊은이에게 다가갔다. 시몬은 젊은이를 부축해 일으켜 세우고는, 입고 있던 누더기 외투를 벗어 그에게 입혀주었다. 그리고 젊은이에게 어디에 사는 누구이며, 왜 이러고 있는지 물었다. 젊은이는 그저 자신은 이 고장 사람도 아니고 단지 하나님께 벌을 받았을 뿐이라고만 대답했다.

시몬이 젊은이와 함께 집에 들어서자 그들을 본 그의 아내 마트

료나는 화가 치밀어 욕하기 시작했다.

"아니, 이 인간아! 먹고 살기 힘든 판국에 어디서 뭐 하는지도 모르는 사람하고 술을 마시다가 이제 그 사람을 집에까지 데려와? 사온다는 가죽은 어디 있어? 당신이 제정신이야? 아이고 내가 못 살아! 정말!"

시몬이 젊은이에게 옷가지를 챙겨 주는 동안 아내는 더욱 화가 나서 외투와 짐을 챙겨 집을 나가려고 했다. 시몬은 아내를 만류하며 사정을 이야기했다. 한참 이야기를 듣던 마트료나는 그제야 화가 풀렸는지 남편이 데려온 젊은이를 바라보았다. 그리고 하나 남은 빵을 구워 젊은이에게 주었다. 아내는 빵을 허겁지겁 먹는 젊은이의 모습을 동정 어린 눈으로 바라보았다. 그러자 젊은이는 갑자기 기쁜 미소를 지었다.

다음 날 아침 시몬은 젊은이에게 이름을 물어봤다. 젊은이의 이름은 미하일이라고 했다. 그리고 그날 이후로 그는 구두장이 시몬의 조수로 함께 일하게 되었다. 시몬에게 일을 배워 가며 구두를 만들고 수선하는 일을 했다. 미하일과 함께 일한 후로 시간이 지날수록 시몬의 구둣가게는 더욱 번창하였다.

어느 날 시몬의 가게에 한 귀족이 들어와 오만한 태도로 말했다. 그 귀족은 아주 비싼 가죽을 줄 테니 1년을 신어도 실밥 하나 터지지 않는 튼튼한 구두를 만들어 달라고 했다. 시몬은 주문을 받고,

가죽을 미하일에게 넘겨 주었다. 미하일은 귀족을 향해 시몬과 처음 만난 날 보인 미소를 지었다.

시몬은 잠시 다른 일을 하느라 자리를 비웠다가 공방에 돌아왔는데 그만 깜짝 놀라고 말았다. 미하일이 귀족이 주고 간 비싼 가죽으로 구두가 아니라 장례식에 쓰는 가죽 슬리퍼를 만들고 있었기 때문이다.

"미하일! 도대체 뭐 하는 거야? 그게 얼마나 비싼 가죽인데!"

미하일이 시몬에게 얼굴을 돌려 무엇인가 말하려는 바로 그때, 한 사람이 급히 문을 두드리며 들어왔다.

"죄송합니다. 아까 주인어른이 주문하신 것을 취소하러 왔습니다. 주인님이 마차를 타고 가시다가 돌아가셔서, 마님이 고인이 신으실 슬리퍼로 바꿔 달라고 하십니다."

이 말에 시몬은 놀라서 미하일을 바라보았다. 미하일은 방금 완성한 슬리퍼를 하인에게 건네주었다.

수년 뒤, 시몬의 구둣가게에 쌍둥이 자매와 그 엄마가 들어왔다. 그런데 한 소녀는 한쪽 다리를 절고 있었다. 시몬은 아이들 발의 치수를 재며 딸아이가 왜 다리를 저는지 물었다. 아이 엄마는 그간 있었던 일을 설명했다. 자신은 양어머니이며 아이들의 어머니가 죽고 난 후, 아이들을 거두어 지금까지 귀하게 키우고 있다고 하였다. 이 말을 들은 시몬의 아내는 그 부인을 칭찬하며 하나님께 감사 기도를 드렸다. 그러자 미하일은 이전에 보인 그 미소를 또 지었다.

손님이 돌아가자 미하일은 시몬과 마트료나에게 하나님이 이제 자신을 용서하셨고, 이제는 작별할 시간이라고 말했다. 미하일이 말을 마치자마자 그의 몸에서 빛이 나며 날개가 자라나기 시작했다. 그 모습에 놀란 시몬과 마트료나는 그대로 땅에 엎드려 고개를 숙였다. 두려워 떨던 시몬은 간신히 고개를 들어 말했다.

"당신은 천사였군요. 그런데 왜 이 땅에 내려오셨나요? 그리고 그동안 왜 미소를 세 번 지으셨나요?"

미하일은 미소를 지으며 자신이 왜 벌을 받았는지, 그리고 왜 미소를 지었는지 알려 주었다.

천사 미하일은 6년 전, 남편을 잃고 홀로 쌍둥이 자매를 낳은 여성의 영혼을 데려오는 일을 맡았다. 하지만 그 여인은 아이들이 엄마 없이 어떻게 살겠느냐며 애원했다. 자신이 이대로 죽게 되면 아이들도 곧 죽고 말 것이라고 했다. 마음이 약해진 미하일은 결국 아이 엄마의 영혼을 그대로 둔 채 다시 하늘나라로 올라갔다. 이후 하나님의 말씀을 지키지 못한 죄로, 세 가지 질문의 답을 찾을 때까지 사람들과 함께 지내라는 명령을 받았다.

질문은 첫째, 사람의 마음속에 무엇이 있는가, 둘째, 사람에게 주어지지 않는 것은 무엇인가, 그리고 셋째, 사람은 무엇으로 사는가였다.

미하일이 하늘에서 떨어져 알몸으로 쓰러져 있었을 때, 사실 모든 것을 포기하고 싶은 마음도 들었지만, 자신을 구해 준 시몬과 마트료나를 보며 '사람의 마음속에는 사랑이 있다'는 것을 깨달았다.

그리고 1년 동안 신을 튼튼한 구두를 주문하던 귀족 뒤에 서 있던 죽음의 천사를 발견하고, '사람에게 주어지지 않는 것은 미래를 보는 지혜'라는 것을 알게 되었다.

시간이 흘러 쌍둥이 자매를 만났을 때, 미하일은 6년 전 자신이 거두지 못한 여인의 아이들임을 알게 되었다. 그리고 그 아이들을 사랑으로 키우는 부인을 보면서 '사람은 사랑으로 산다'는 것을

깨달았다.

　미하일이 세 가지 질문에 대한 이야기를 끝마치자 하늘 문이 열
리기 시작했다. 미하일은 시몬과 마트료나를 바라보며 미소를 지
었고 이내 곧 하늘로 올라갔다. 부부는 그저 서로의 손을 감싸 안
으며 열린 하늘 문으로 올라가는 미하일의 모습을 한없이 바라보
았다.

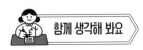
함께 생각해 봐요

1. 시몬이 외투를 만들기 위해 가죽을 사려고 했지만, 외상값을 받지 못해 실패했어요. 이러한 상황에서 시몬은 왜 젊은이를 돕기로 결정했을까요?

2. 마트료나는 처음에 젊은이에게 어떤 감정을 품었나요? 사정을 듣고 나서는 마음이 어떻게 바뀌었나요? 왜 그랬을까요?

3. 어머니를 잃은 쌍둥이 자매와 그들을 키우는 양어머니 이야기는 어떤 도덕적 가치를 담고 있나요?

4. 미하일이 받은 세 가지 질문은 무엇인가요? 사람들과 함께 지내는 동안 알게 된 답은 무엇인가요?

5. 세 가지 질문에 대한 여러분의 답은 무엇인가요? 왜 그렇게 답했나요?

6. 미하일은 왜 시몬과 마트료나에게 미소를 짓고 하늘로 돌아갔을까요?

7. 이 에피소드가 주는 교훈은 무엇이라고 생각하나요? 그것은 어떤 점에서 도덕적으로 가치가 있을까요? 왜 그렇게 생각하나요?

프랑스 철학자이자 작가인 장 폴 사르트르Jean-Paul Sartre는 실존주의 Existentialism 철학을 대표하는 인물로 잘 알려져 있습니다. 그는 자신의 책 『존재와 무』에서 존재란 무엇이며, 인간은 어떻게 존재하는가에 대해 고민합니다. 이 책에서는 인간의 존재에 대해 분석하고, 인간의 자유, 책임, 선택의 중요성을 탐구합니다. 인간은 자신의 행동을 통해 스스로를 만들어 가는 존재이며, 행동과 선택은 자신의 존재에 의미와 가치를 부여한다고 보았습니다.

사르트르는 인간은 먼저 존재하고 그 후에 스스로의 행동으로 자신을 만들어 간다고 보았습니다. 우리가 태어날 때 인간으로서의 본질은 없으며, 인생에서 우리가 내리는 선택의 총체만이 우리를 우리 자신으로 만든다고 여겼습니다. 다시 말해, 우리가 태어날 때 우리에게는 고정된 인간 본질이 없으며 우리가 만드는 선택들이 우리 자신을 정의한다는 것입니다. 그는 존재를 두 가지 유형으로 나누어 대자존재being-for-itself와 즉자존재being-in-itself로 구분하여 명명했습니다. 인간은 그 중 대자존재에 해당합니다. 대자존재는 의식의 존재를 수반합니다. 인간인 우리가 스스로 존재한다고 생각하는 것은 현재의 의식적 자각이 있기 때문입니다. 반면, 즉자존재는 아무것도 의식하지 않고 그저 존재할 뿐입니다. 사물은 즉자존재로서 오직 그 자체로만 존재할 따름이며 어떠한 것도 의식하지 않습니다. *

---

* Priest, S., & Sartre, J. P. (2002). Jean-Paul Sartre: Basic Writings. Routledge., p. 13, p. 26, p. 107-109

여러분은 지금 무엇을 '의식'하고 있나요? 그것은 여러분이 '대자존재'임을 말해 주나요? 왜 그렇게 생각하나요?

· 에피소드 24 ·

중간의 나라

머나먼 곳에 평등과 정의를 최고의 덕목으로 삼는 나라가 있었다. 이 나라 사람들은 평등과 정의를 누구나 지켜야 하고, 모두가 따라야 하는 의무라고 생각했다. 사람들은 언제나 정의를 사랑한다고 말했다. 또한 자신들이 사는 사회가 민주적이라며 너무나도 자랑스러워했다. 이러한 분위기는 학교에서도 마찬가지였다.

한 교실에서 몇몇 학생에 대한 자율재판이 진행되고 있었다. 칠판에는 '정의를 위한 아고라'라고 크게 쓰여 있었고, 두 학생이 고개를 숙인 채 서 있었다.

"자, 이번 아고라 시간에는 평등 의무를 어겼을 뿐만 아니라, 우리를 경쟁 사회로 몰아넣은 학생들에 대해 토론을 해 볼 거예요.

자, 여러분 모두 정의롭고 민주적인 방식으로 활발히 자신의 생각을 말해 주세요."

그러자 한 학생이 손을 번쩍 들어 의견을 발표하기 시작했다.

"우수는 다른 학생들보다 특히 좋은 성적을 받았습니다. 공부 시간이나 방법은 구체적으로 알 수 없지만, 비윤리적인 방식으로 성적을 올리려는 시도가 있었을 것이라고 의심됩니다. 따라서 우수는 부정을 저질렀다고 볼 수 있습니다. 이는 우리 사회 문화와 학교 교육 시스템의 정의와 공정성에 반하는 것입니다."

다른 학생이 빠르게 거들며 입을 열었다.

"저는 부정 의혹뿐만 아니라, 우수가 평균보다 훨씬 좋은 점수를 받았다는 사실 자체로도 문제가 있다고 봅니다. 왜냐하면 모두가 함께 공부하고 즐겁게 지내야 할 교실에서 혼자서 앞서 나갔기 때문입니다. 이것은 학생들 사이에 경쟁을 부추기고, 우리에게 스트레스를 가중하는 일입니다. 이는 분명 우리들의 인권을 해치고 삶의 질을 낮출 것입니다."

나머지 학생들도 이에 모두 동의하며 우수에게 사과를 요구했다. 우수는 순간 몸을 움찔거렸지만, 자신이 사과할 이유가 전혀 없다고 생각했다.

'나는 그저 열심히 공부했을 뿐이야. 어쩌면 운도 좋았을지 모르지.'

우수가 말 없이 서 있자 학생들은 큰 소리로 우수를 몰아세웠다.

"진심이 담긴 사과를 하라는데, 안 하고 뭐 하는 거니?"

"사과만 하면 용서해 준다니깐. 정말 인성에 문제 있네."

학생들뿐만 아니라 묵묵히 앉아 있던 교사도 우수를 보며 얼굴을 찡그렸다.

결국 분위기에 휩쓸려 우수는 사과를 하였다.

"그래, 내가 잘못했어. 좋은 점수 같은 건 받지 말아야 했어. 나도 너희처럼 그저 평균 점수를 받도록 노력할게."

그러자 학생들은 다시 큰 소리로 외쳤다.

"우수의 노트와 책을 빼앗아야 합니다! 그리고 어떻게 공부했는지도 다 공개해야 합니다."

"시험 점수도 깎아야 합니다!"

그러자 학생들은 손뼉을 치며 환호했다.

사과만 하면 될 줄 알았던 우수는 순간 너무 어이가 없었다. 사실 잘못이 없다고 생각했기에 사과하고 싶지 않았다. 단지, 모두가 몰아세우는 바람에 어쩔 수 없이 사과했던 것이었다. 게다가 사과까지 했는데 이제는 책과 노트를 빼앗고 점수도 깎으려 하다니. 우수는 소리치는 아이들을 망연자실 바라볼 뿐이었다.

교실 분위기가 더욱 과열되자 교사는 분위기를 가라앉히며 학생들에게 진정하라고 지시했다. 교사는 자신이 이 문제를 해결하겠다며 학생들에게 격분을 가라앉히라고 타일렀다. 그제서야 아이들의 흥분한 목소리가 잦아들었다.

이번에는 만성이라는 학생에 대해 토론이 시작됐다. 만성은 우수와 달리 성적이 평균보다 많이 떨어지는 편이었다. 평상시에 공부보다는 놀기를 좋아하고, 밤늦게까지 게임을 하는 탓에 지각을 자주 하며, 수업 시간에도 항상 졸던 친구였다. 어쩌면 만성의 성적이 낮은 것은 당연한 결과이기도 했다. 그러나 만성은 평소 친하게 지내는 친구들이 많았다.

"만성이는 어떻게 하면 좋을까요?"

교사가 던진 말에 누군가 만성의 평소 생활 방식을 고치고, 공부에 집중하도록 스스로 노력해야 한다고 말했다. 하지만 학생들은 이 말에 그다지 반응을 보이지 않았다. 이때 만성이와 친한 학생 한 명이 일어나 만성을 변호하며 반론했다.

"만성이가 성적이 안 좋은 것은 학교와 우리들이 만성이를 적극적으로 도와주지 않았기 때문입니다. 즉, 학교와 우리들의 책임이지 만성이의 책임이 아니라는 것입니다."

만성의 친구들은 이 말에 박수를 보냈다.

"그래, 만성이는 우리 친구잖아. 우리가 도와주면 되지."

누군가 장난스럽게 한마디 덧붙였다.

"시험도 없앴으면 합니다! 시험 스트레스 때문에 우리 학생들 인권이 망가지고 있거든요!"

아이들은 이 말에 환호했다.

"맞아요! 이 기회에 아예 학교도 없앴으면 합니다. 그럼 스트레스 근원 자체가 사라지니까요."

깔깔깔! 학생들이 모두 박장대소를 했다. 하지만 교사는 엄한 표정을 지으며 그 학생들에게 눈짓으로 경고를 주었다. 그러고는 재판을 계속 진행했다. 그때 누군가 진지하게 선심을 쓰듯 말했다.

"아까 우수가 벌을 받지 않았잖아요. 우수가 받은 점수를 깎아서 만성이 점수에 더해 주면 좋을 것 같습니다."

이 말에 일부 학생들이 동의한다며 고개를 끄덕였다. 그러자 한편에서 다른 대안을 내세우기도 했다.

"우수에게 만성이를 책임지라고 하면 될 것 같습니다. 만성이가 평균 성적이 나올 때까지 우수가 전담해서 가르치는 것입니다."

이 말에 학생들은 '와!' 하고 박수를 쳤다. 학생들은 오늘도 자신들이 정의를 실천했다는 자긍심에 마음이 벅차오름을 느꼈다.*

---

* 저자 창작

1. 교실에서 아고라 시간은 정의롭고 민주적인 방식으로 진행되었나요? 왜 그렇게 생각하나요?

2. 우수 학생에 대한 비판은 정당했나요? 왜 그렇게 생각하나요?

3. 학생들이 우수 학생에게 요구한 처벌은 공정한 조치였나요? 왜 그렇게 생각하나요?

4. 만성 학생의 성적 부진은 학교와 학생들의 책임인가요? 아니면 만성 학생 개인의 책임인가요? 그 이유는 무엇인가요?

5. 만성 학생에 대해 학생들이 제시한 대안은 공정하고 효과적인 해결책인가요? 왜 그렇게 생각하나요?

6. 학생들이 제안한 시험 없애기나 학교 없애기와 같은 대안은 합리적인가요? 왜 그렇게 생각하나요?

7. 학생자율재판의 분위기와 학생들의 행동을 보면 평등과 정의의 원칙이 지켜지고 있나요? 그렇게 생각하는 이유는 무엇인가요?

8. 이런 상황에서 어떤 도덕적 가치나 원칙이 우선시되어야 할까요? 그 이유는 무엇인가요?

9. 여러분이 생각하는 정의, 평등, 공정은 무엇인가요? 왜 그렇게 생각하나요?

10. 이 에피소드 속 아고라는 어떤 문제가 있나요? 왜 그렇게 생각하나요?

11. 여러분은 학교에서 토론을 해 본 적이 있나요? 어떤 주제로 의견을 나누었나요? 논쟁이 되는 문제가 있었나요? 어떤 문제들이었나요?

아고라 Agora, Άγορά는 고대 그리스의 폴리스(도시 국가)에서 시민들이 토론을 벌이던 자유로운 장소였습니다. 아고라는 '집결지 Gathering Place'라는 뜻이며, 당시 상업, 정치, 종교, 사회적 활동의 중심지였습니다. 상인들은 아고라에서 상품을 판매했고, 정치인들은 연설을 했습니다. 또한 시민들은 대화를 나누고, 정보를 공유하기도 했습니다. 아고라는 고대 그리스 민주정치와 학문을 꽃피운 곳으로 평가되는데, 이곳에서는 자유롭게 토론하고 결정을 내릴 수 있었기 때문입니다.

현재 아고라라는 용어는 온라인에서 이루어지는 토론이나 의견 교환을 의미하는 말로 주로 사용됩니다. 여러분은 온라인 공간에서 의견을 표현하고 다른 사람과 소통해 본 경험이 있을 것입니다. 이때 존중과 배려의 원칙을 지키는 '건설적 논쟁'의 자세가 필요합니다. 서로 다른 의견을 무시하지 않고 존중하는 과정에서, 문제를 해결하거나 새로운 아이디어를 발전시킬 수 있기 때문입니다. 이는 타인을 공격하거나 비난하는 태도를 지양하고, 사실과 근거에 기반한 논리적인 주장과 설득력 있는 이유를 제시하여 토론을 진행하는 것을 의미합니다.

여러분은 건설적인 논쟁을 해 본 적이 있나요? 언제, 어떠한 상황에서, 어떻게 진행했나요? 만약 해 본 적이 없다면 친구들과 한번 해 보기 바랍니다.

감사를 광고합니다.

이안은 약혼녀와 플로리다의 한 식당에서 음식을 주문하고 있었다. 이번 데이트는 그가 광고 회사에 취업하여 첫 월급을 받은 기념으로 그녀에게 맛있는 식사를 대접하는 자리이기도 했다. 그는 의기양양한 마음에 식사비를 지불하고 나서도 지갑을 식탁 위에 올려 두었다. 현금이 가득 들어 두툼해진 지갑을 보니 이안의 마음은 무척 뿌듯했다.

두 사람은 식사를 마치고 식당을 나왔다. 그리고 여유 있게 극장을 향해 걸어갔다. 극장에 도착해 매표소로 향하던 그 순간 가슴이 철렁 내려앉았다. 세상일이 그렇듯 안 좋은 예감은 항상 빗나간 적이 없다. 그는 주머니가 썰렁한 것을 알아챘다.

'아차!'

들뜬 마음에 꺼내 둔 지갑을 그만 그대로 두고 온 것이었다.

"미안. 지갑을 두고 온 것 같아. 다시 식당에 돌아가야겠어."

두 사람은 걱정스런 얼굴로 급히 식당으로 뛰어갔다. 식당에 도착했을 때 식당은 문을 닫기 직전이었다. 이안은 남아 있던 직원에게 사정을 이야기했다. 하지만 직원은 잘 모르겠다고 하면서 이안이 앉았던 자리에는 아무것도 없었다고 말했다.

"손님, 그 자리에 앉은 다른 손님이 그 사이 지갑을 가져갔을 수도 있어요. 죄송하지만 그런 경우에는 저희가 어떻게 해 드릴 수 없습니다."

직원의 말에 이안은 한숨이 절로 나왔다. 왜냐하면 지갑에는 그가 받은 월급의 상당 금액이 들어 있었기 때문이다. 그는 자신의 경솔한 행동을 후회했지만, 어쩔 수 없었다. 직원이 말했다.

"손님, 전화번호를 남겨 주시면 매니저에게 전달해 놓겠습니다."

이안은 직원에게 고맙다고 하며, 약혼녀에게도 데이트를 망쳐 미안하다고 사과했다. 그녀는 괜찮다며 그를 위로해 주었다.

다음 날, 밤잠을 설친 이안은 거의 포기한 심정으로 일단 회사에 출근했다. 우울한 마음이 계속 가슴을 짓누르고 있었지만 자신의 잘못이니 어디에 하소연하기도 힘들었다. 그런데 오전 중에 한 통의 전화가 걸려 왔다.

"여보세요?"

전화기 너머로 한 중년 남자의 목소리가 들렸다.

"이안 선생님 되시나요?"

"네, 그렇습니다만. 무슨 일이신가요?"

"아, 어제 저희 식당에서 지갑을 잃어버렸다고 하셔서요."

"네?"

순간 이안의 눈이 반짝였다.

"네, 맞습니다. 어제 제가 직원 한 분께 제 전화번호를 남겨 두었습니다."

"네, 다행히 저희 직원 한 명이 손님의 지갑을 보관하고 있다가 출근하면서 저에게 보고했습니다."

"정말인가요? 그럼 제가 점심시간도 다 되어가니 그곳으로 바로 가 보겠습니다."

"네, 그럼 잠시 후 뵙겠습니다."

이안은 지갑을 찾았다는 생각에 마음이 다시금 들떴다. 하지만 누군가 지갑에서 돈만 가져가고 지갑만 놔두고 갔을 수도 있다는 생각이 들자 걱정되기도 했다. 이안이 거의 뛰어가다시피 하여 식당에 도착하자, 매니저는 이안에게 지갑을 건네주었다. 이안은 지갑을 건네받자마자 지갑 속을 살펴보았다. 그런데 지갑에는 돈이 고스란히 들어 있었다. 매니저가 웃으며 말했다.

"다 확인하셨나요?"

약간 상기된 얼굴에 웃음기를 띠며 이안이 매니저에게 말했다.

"감사합니다. 돈이 다 그대로 있네요. 혹시 지갑을 찾아 주신 직원 분께 감사 인사를 드릴 수 있을까요?"

매니저는 흔쾌히 허락하며 직원을 불러 오겠다고 했다. 잠시 후 지갑을 찾아 준 직원이 걸어왔다.

"안녕하세요?"

그녀는 '웬디스'라는 이름이 적힌 명찰을 달고 있었다.

"안녕하세요. 웬디스 님. 제 지갑을 찾아 주셔서 얼마나 감사한지 모르겠어요."

"뭘요, 지갑을 찾으셨다니 다행이네요."

이안은 감사의 말과 함께 지갑에서 100달러 지폐를 꺼내 사례금이라며 그녀에게 건넸다. 하지만 웬디스는 손사래를 치며 거절했다. 웬디스의 강한 거절 의사에 이안은 50달러로 줄여서 건넸지만, 결과는 마찬가지였다. 20달러로라도 감사의 표시를 하려고 했지만, 그녀는 재차 거절했다. 식당이 한창 바쁠 시간이라 이안도 더 고집할 수는 없었다. 이안은 감사하다는 인사를 연거푸 한 후 회사로 돌아왔다. 하지만 그 큰 돈, 이안의 월급 대부분이 들어 있던 지갑을 찾아 준 웬디스에게 꼭 감사 표시를 하고 싶었다. 이안은 곰곰이 생각하다가 잠시 후, 전화기를 들었다.

"여보세요. □□□ 신문사입니다."

"여보세요? 저 이안이라고 하는 사람입니다."

"아, 이안 씨, 무슨 일이신가요?"

두 사람이 통화를 한 다음 날 □□□ 신문에 조그만 광고가 실렸다.

'저의 지갑을 되찾아 준 ○○식당의 웬디스 님께. 일절의 사례금도 받지 않고 신뢰와 성실, 그리고 정직함을 보여 주신 웬디스 님께 다시금 깊은 감사 인사를 드립니다.'

그 후 이안은 매우 바빴다. 직장 일로 바쁘게 지냈을 뿐만 아니라, 약혼녀와 결혼도 하여 1년이란 시간이 쏜살같이 지나갔다. 어느 날 이안 부부는 1년 전 그 식당을 방문하였다. 식당 이름은 ○○식당에서 △△식당으로 바뀌었지만, 둘이 앉았던 자리는 그대로였다. 그리고 직원들도 그대로인 것 같았다. 특히 웬디스도 여전히 그곳에 일하면서 같은 자리를 담당하고 있었다. 1년이 지났지만 그대로 자리를 지키고 있는 웬디스의 얼굴을 보자, 이안 부부는 무척 반가웠다. 웬디스도 환하게 웃으며 이들을 반갑게 맞았다.

함께 생각해 봐요

1. 지갑을 그대로 보관하고 주인을 찾아준 웬디스의 행동에서 어떤 도덕적 가치를 발견할 수 있나요? 여러분이 웬디스라면 어떻게 했을까요? 처음 지갑을 발견했을 때, 이안이 사례금을 건넸을 때를 상상하며 이야기해 보세요.

2. 웬디스가 사례금을 거절했을 때, 그녀의 행동은 도덕적으로 어떻게 평가할 수 있을까요?

3. 이안이 웬디스에게 감사의 인사를 드리기 위해 신문사에 광고를 신청한 것은 어떤 도덕적 가치를 보여 주나요?

4. 여러분은 이와 비슷한 경험을 한 적이 있나요? 언제, 어떠한 상황이었나요? 그때 여러분의 마음은 어땠고, 상대방의 마음은 어땠을까요?

5. 여러분은 삶에서 '정직'과 '감사'가 어떤 의미를 갖는다고 생각하나요? 그 밖에 이 에피소드에서 발견할 수 있는 도덕적 가치에는 어떤 것들이 있을까요? 왜 그렇게 생각하나요?

여러분은 얼마나 자주 감사하며 살아가나요? 감사의 사전적 정의는 고마움을 나타내는 인사, 그리고 고맙게 여기는 마음입니다. 즉, 우리가 삶에서 받은 것에 고맙게 생각하고, 그런 마음을 알아채는 것입니다. 감사하는 것이 왜 중요할까요? 감사가 우리 삶에 긍정적인 영향을 미친다는 건 많은 연구를 통해 밝혀져 있습니다. 예를 들어, 감사를 하면 긍정적인 감정은 풍부해지는 반면 부정적인 감정은 줄어듭니다. 또한 감사를 하면 스트레스 호르몬 수치가 감소하고, 면역력이 향상됩니다. 이 때문에 감사는 생산성을 높이고, 우울증과 불안증을 예방하는 데 도움을 줍니다. 그뿐만 아니라 다른 사람과의 관계 개선에도 도움을 줍니다.

감사를 어떻게 실천할 수 있을까요? 감사를 실천하는 방법은 다양합니다. 감사 일기를 쓰는 방법, 고마운 사람들에게 직접 말이나 행동으로 표현하는 방법, 고마웠던 순간을 기억하는 방법 등 여러 가지가 있습니다.

지금 머릿속에 떠오르는 감사 목록을 적어 보세요. 그리고 목록에 적힌 고마운 사람들에게 감사의 말을 전해 봅시다. 누가 가장 먼저 떠오르나요? 어떻게 감사 인사를 전하고 싶나요?

큰 짐은 짐칸에 넣어 주세요.

"어서 오십시오. 저희 항공을 이용해 주신 고객 여러분께 감사
드립니다. 저희 난다 항공은…."

국내선 항공기는 국제선과 달리 비행기도 작고, 출발 전까지는
조종석 문이 열려 있어 그 안이 훤히 보였다. 특히 아이들이 조종
석을 들여다보느라 여념이 없었고, 부모들은 그런 아이들에게 어
서 자리에 앉으라고 재촉했다. 비행기에서는 승객이 들어오는 동
안 안내 방송이 나가고 있었다.

"좌석 상단 짐칸의 공간이 충분하지 않습니다. 큰 짐을 먼저 넣
어 주시고, 작은 짐이나 노트북이 들어 있는 가방은 앞 좌석 아래
에 놓아 주시면 감사하겠습니다."

기장은 조종석에 앉아 운행 일지를 확인하고, 기기를 점검하고 있었다. 그런데 출발을 조금 앞둔 시점에 승객석이 갑자기 시끌시끌해졌다. 승객들과 승무원들이 옥신각신하는 소리인 듯했다.

　"아니 글쎄, 내 짐을 왜 꺼낸다는 거예요? 다른 사람들한테나 부탁하세요."

　"아, 다른 짐은 모두 크기가 커서 그렇습니다. 협조해 주셨으면 합니다."

　"아니, 그러니까 그냥 좌석 밑에 두라고 하면 되잖아요."

　신경질을 내는 손님에게 승무원은 고개를 숙이며 협조를 부탁했다. 비행기의 짐칸이 협소할 뿐만 아니라 짐을 따로 부치려면 돈이 많이 들어 큰 짐을 기내로 들고 들어온 승객이 많았다.

　"규정상 좌석 밑에 수납이 가능한 작은 짐은 좌석 아래 두도록 되어 있습니다. 큰 짐은 짐칸에 넣게 되어 있습니다."

　일부 사람들이 보다 못해 자기 짐을 빼달라고 했다. 하지만 모두 커다란 짐이었기 때문에 짐칸에 그대로 둘 수밖에 없었다. 협조를 부탁받은 승객은 완강히 거부했다.

　"아니 글쎄, 내 짐이 크기가 작아도 꼭 짐을 좌석 밑에 두어야 할 의무가 있냐고요? 비싼 가방이라 먼지 묻으면 곤란해요. 혹 더러워지거나 흠집이라도 나면 항공사에서 책임질 거냐고요."

　짐칸에 자리 잡은 작은 짐 때문에 정작 큰 짐을 싣지 못한 사람

에피소드 26 · 큰 짐은 짐칸에 넣어 주세요

은 군인이었다. 그는 그냥 자기 발아래 두겠다고 했지만, 역시나 운항 규정 때문에 그러지 못했다.

"맞아, 군인이잖아. 그냥 좀 불편해도 다 감수해야 하는 게 군인 아닌가?"

그 승객이 군인을 무시하듯 말하자 몇몇 승객이 화를 냈지만, 더 이상 나서지는 못했다. 그 말을 듣고 있던 군인은 그저 머리만 긁적였다. 그러면서 승무원에게 자기는 괜찮다고만 계속 말하고 있었다. 작은 짐의 주인은 계속 승무원에게 신경질을 냈다.

"특히나 군인은 운임 할인에 자리 예약 특권까지 있다던데, 비싼 돈 다 내고 힘들게 예약한 내가 왜 양보해야 하냐고? 그것도 비

싼 가방인데, 정말 흠집이라도 나면 항공사에서 책임질 거냐고!"

복도를 가로막고 있던 탓에 많은 승객이 자리에 앉지도 못하고 줄을 서 있었다. 기장은 운항 시간이 점점 다가오자 어떻게 해야 할지 몰라 생각에 잠겼다.*

1. 작은 짐 승객이 승무원에게 항의하는 행위는 적절한 것인가요? 왜 그렇게 생각하나요?

2. 비행기에서 승객은 운항 규정을 준수해야 하는 도덕적 의무가 있을까요?

3. 군인의 특권에 대해 작은 짐 승객이 가진 불만은 도덕적으로 적절한가요? 왜 그렇게 생각하나요?

4. 승객은 다른 사람을 배려해 각자의 권리를 양보해야 할 도덕적 의무가 있다고 생각하나요? 왜 그렇게 생각하나요?

5. 군인이 운임 할인과 자리 예약 특권을 가지고 있으니 다른 승객에게 무조건 양보해야 할까요? 그것이 군인의 도덕적 의무인가요? 왜 그렇게 생각하나요?

6. 여러분이 승무원이라면 이러한 상황에 어떻게 대처했을까요? 그 이유는 무엇인가요? 그것은 적절한 대처 방안일까요?

7. 여러분이 작은 짐 승객이라면 어떻게 했을까요? 그 이유는 무엇인가요?

8. 여러분이 큰 짐을 가진 군인이라면 어떻게 했을까요? 그 이유는 무엇인가요?

9. 여러분이 다른 승객이라면, 또는 기장이라면 어떻게 했을까요? 그 이유는 무엇인가요? 그러한 행동은 도덕적으로 정당화될 수 있을까요?

10. 여러분은 이와 비슷한 상황을 경험하거나 목격한 적이 있나요? 언제, 어떤 상황이었나요? 그때 사람들은 어떻게 반응하고, 대응했나요? 그러한 반응이나 대응은 적절한 것이었나요? 왜 그렇게 생각하나요?

이 에피소드는 공공의 자원이 부족할 때 어떻게 해야 하는가에 대해 다루고 있습니다. 그리고 항공기처럼 위험 요소가 많아 규정이 엄격한 곳에서 개인의 자유나 권리를 어디까지 주장할 수 있는지도 생각해 볼 수 있습니다. 또한 승객뿐만 아니라 항공사 측의 대응이 어떠해야 하는지도 함께 고민해야 합니다. 에피소드 말미에 기장이 이 상황에서 어떻게 해야 할지 고민하는 모습도 담겨 있기 때문입니다.

미국에서 이와 비슷한 사건이 일어난 적이 있습니다. 어떤 승객이 짐칸에 있던 군인의 짐을 던져 버리며 소란을 피운 사건입니다. 사건 발생 당시, 승객의 이기적 행위를 지적하고, 군인에 대한 예우를 강조하는 목소리가 많았습니다. 이때 항공사는 기내의 안전과 질서를 해칠 수 있다는 이유로 기장이 권한을 발휘해 그 승객을 쫓아냄으로써 대처한 것도 화제가 되었습니다.

한편으로는, 이 에피소드를 통해 에티켓에 대해서도 생각해 볼 수 있습니다. 에티켓은 프랑스어로 '규칙', '표지', '티켓'을 뜻하는 'étiquette'이라는 단어에서 비롯한 말입니다. 17세기 프랑스에서 왕궁 예식 때, 왕궁 입장이 허락된 사람들에게 티켓에 궁정에서 지켜야 할 예절과 절차를 적어 나눠 준 데서 이 말이 유래했다고 전해지기도 합니다. 에티켓은 상황에 맞는 적절한 행동과 예의를 갖추는 것을 말하며, 원활한 대인 관계를 유지하는 데 필요한 행동 규범을 포함합니다. 상대방을 존중하고 배려하는 마음을 표현하기 위해서는 기본 에티켓을 지켜야 하며, 이를 통해 사회생활을 원활하게 할 수 있습니다. 에티켓의 대표적인 예로는 인사나 식사 예절이 있습니다. 에티켓은 시대나 문화에 따라 다르므로, 상황에 맞는 예절을 지키는 것이 중요합니다.

에티켓을 준수하는 것은 사회적인 상호작용에서 왜 중요할까요? 그것은 에티켓을 지키는 것이 다른 사람을 존중한다는 의미이기 때문입니다. 존중하는 마음을 담은 행동은 다른 사람에게 배려와 예의를 표하는 것으로, 원만한 대인 관계를 구축하는 데 도움이 됩니다. 에티켓을 지키면 오해와 갈등을 방지하고, 대화와 협력을 원활하게 합니다. 또한 다른 사람에게 긍정적인 인상을 주므로 신뢰감을 높일 수 있습니다.

여러분이 알고 있는 에티켓에는 어떤 것들이 있나요? 인사, 식사, 전화 예절 등 구체적인 예를 들어 설명해 보세요. 그리고 에티켓을 지키는 것이 왜 중요할까요?

10대들의 도시 장악

4월 어느 토요일 저녁이었다. 시카고 밀레니엄 공원 여기저기에 청소년이 '10대들이여, 도시를 장악하자!'라는 슬로건을 외치며 모여들고 있었다. 청소년들은 SNS에서 널리 퍼지고 있는 10대들의 도시 장악이라는 이벤트에 참여하기 위해 모였다.

그런데 몇 해 전 벌어진 시카고 약탈과 폭동 사건 때문에 주말에는 보호자를 동반하지 않은 청소년의 공원 입장이 허용되지 않았다. 일부 청소년이 몰래 공원에 들어가려고 시도했으나 경찰에 의해 저지되었다. 청소년들은 공원 입구와 주변을 에워싸기 시작했다. 그 수는 이미 천여 명을 넘어서고 있었다.

분위기는 점점 험악해졌다. 일부 청소년은 경찰과 실랑이를 벌이며 공원에 들어가려고 계속 시도했고, 상당수의 청소년은 인근 상가에서까지 난동을 부리기 시작했다.

'우리에겐 자유가 있다!'라고 외치며, 몇몇 청소년은 도로를 점거하고 차들을 막아서거나, 버스나 차 위에 올라가 춤을 추기도 했다. 욕설을 하며 주차된 차를 부쉈다. 어떤 청소년들은 차에 불을 지르기도 했다. 경찰이 난동을 피우는 청소년들을 제지하기 위해 출동했지만, 청소년들의 수가 너무 많았고 경찰 인력은 턱없이 부족했다.

일부 청소년 무리는 서로 싸우기도 했다. 그야말로 난장판이었다. 사태가 심각해지자 인근 음식점과 호텔에서는 손님을 보호하거나 대피시키기에 바빴다. 일부 음식점은 손님이 밖으로 나가지 못하도록 했다. 직원의 안내를 받아 숙소를 안전한 곳으로 옮기는 관광객들의 모습도 간간이 보였다.

그러나 보호받지 못한 관광객도 있었다. 사우스캐롤라이나에서 온 두 명의 관광객은 떼 지어 다니던 청소년들이 밀치자, 그들에게 밀지 말라고 외쳤다. 그러자 검은색 후드와 노란색 후드, 그리고 반사회적 사회 클럽이라고 적힌 옷을 입은 십여 명의 청소년이 죽일 듯한 기세로 그들에게 달려들었다. 놀란 두 사람은 황급히 건물 안으로 도망치려 했지만 청소년들은 그들을 막무가내로 쓰러뜨려 발로 밟고 주먹으로 때리며 폭행했다. 두 사람은 휴대폰과 지갑, 시계 등 귀중품을 모두 빼앗겼고, 얼굴에는 피가 흥건했다. 두려움에 사로잡힌 그들은 도와달라고 소리쳤지만, 누구에게도 도움을 받지 못했다. 청소년들은 쓰러진 두 사람을 내버려 두고 어디론가 이동했다. 마침 지나가던 한 부부가 피를 흘리며 쓰러져 있는 그들을 인근 병원으로 데려갔다.

다른 곳도 마찬가지였다. 이곳에서도 청소년의 패싸움이 벌어졌다. 도로 표지판이나 기물들이 파손됐고, 서로 쫓고 쫓기는 동안 총소리가 들리기도 했다. 여기에도 경찰이 출동했지만, 너무나 많은 규모에 어찌할 바를 몰랐다.

한바탕 난동이 지나간 곳에서 시카고 시민들은 자신들의 눈을 의심하며 망연자실했다. 방송에서는 시카고 시장인 로리 라이트풋의 성명이 발표되었다.

"우리 시에서는 공공장소가 범죄 행위의 장이 되는 것을 허용할 수 없으며, 허용하지도 않을 것입니다. 가장 중요한 것은 보호자들은 자녀들의 소재를 알고 있어야 하며, 자녀들의 행위에 대해서도 책임을 져야 한다는 것입니다. 사람과 자산을 '존중'해야 한다는 중요한 가치를 아이들에게 주입하는 일도 반드시 가정에서부터 이루어져야 합니다."

시장이 발표를 마치자, 다른 시장 후보가 나와 이에 반박하였다.

"청소년들에게 일자리를 제공해야 합니다. 그저 청소년을 악마 취급하는 것은 용납할 수 없습니다."

방송을 본 사람이 소리쳤다.

"아니, 자녀 일을 부모가 모두 책임지라고? 그러려면 부모가 집단으로 나서야 하는데, 요즘 세상에 그런 게 가능할 것 같아?"

방송에서는 정치인들의 인터뷰가 끝나자, 한 역사가를 지역 전문가로 초빙하여 이번 사태의 해결에 관해 논의하기 시작했다. 역사가는 다음과 같이 말했다.

"예전에 농구 경기가 있던 저녁 시간에는 이런 문제가 한 번도 발생하지 않았습니다. 거리가 그야말로 조용했지요. 청소년에게 더 많은 자원과 지원을 제공해야 합니다. 청소년의 관심을 끌 수 있는 재미나 일자리 같은 것 말입니다."

그러자 방송을 보던 사람들이 한마디씩 던지기 시작했다.

"난 아프리카에서 미국으로 이민 온 사람이야. 내가 살던 곳은 전기나 수도 같은 자원이 없었지만, 이런 정신 나간 행동을 할 생각조차 못 했어! 뭐 자원이 부족해서 벌어진 일이라고? 이건 문화의 문제야, 문화의 문제!"

다른 곳에서도 사람들이 분통을 토하고 있었다.

"이게 자원의 문제라고 생각해? 일자리? 놀거리의 제공? 이건 어디까지나 다른 사람을 존중해야 한다는 것을 가르치지 않은 탓이라고!"

"맞아. 자기들의 자유는 중요하다고 떠들면서 타인을 존중하지 않는 애들한테 자원을 제공한다고 해결될 것 같아?"

여기저기서 사람들이 격분하며 의견을 이야기했다. 방송에서는 이 사태의 책임을 누구에게 물어야 하는가에 대해 다루고 있었다.

1. 도심에서 일어난 폭력 사태에 대해 책임을 물어야 할 당사자는 누구일까요? 왜 그렇게 생각하나요?

2. 청소년에게 더 많은 자원과 지원을 제공하는 것이 문제 해결에 도움이 될까요? 그렇다면 어떤 종류의 자원과 지원이 필요할까요?

3. 사건이 일어난 배경에 문화적인 요인도 있을까요? 문화가 사회 문제를 해결하는 데 어떤 역할을 할까요?

4. 자신의 자유를 주장하면서도 타인을 존중하지 않는 행동을 하는 사람들에게 자원을 제공하는 것은 바람직한 해결책일까요? 어떻게 '자유'와 '존중'을 조화롭게 추구할 수 있을까요? 다시 말해, 개인의 자유와 타인에 대한 존중은 어떻게 균형을 이룰 수 있을까요?

5. 이 사태에 대해 누군가 개별적인 책임을 가지나요? 그렇다면 누구의 책임인가요? 또는 시스템의 문제인가요? 왜 그렇게 생각하나요? 이 문제를 어떻게 해결할 수 있을까요?

6. 시민들은 이 사태에 대해 어떤 책임을 져야 할까요? 시민들은 문제 해결에 어떻게 도움을 주고 사회적인 변화를 이끌어 낼 수 있을까요?

7. 도덕교육을 통한 학생들의 도덕 발달은 이러한 사건을 예방하는 데 어떤 역할을 할까요? 도덕교육에서는 어떤 도덕적 가치와 원칙을 강조해야 할까요? 왜 그렇게 생각하나요?

8. 이 사태는 미국 시카고 도심에서 실제로 일어난 일이에요. 이 에피소드에서 어떤 교훈을 얻을 수 있나요? 여러분 자신, 가정이나 학교, 그리고 사회는 어떤 도덕적 가치를 추구해야 할까요?

9. 여러분이 만약 이 사태가 벌어진 도심 속에 있었던 시민이라면, 당시 어떤 감정을 느꼈을까요?

도덕은 자유(의지)를 전제로 하지만 자유에는 책임과 의무가 따릅니다. 따라서 자유에는 반드시 한계가 있음을 기억해야 합니다. 도덕지능은 개인의 도덕적 성향뿐만 아니라 사회 질서와 안녕, 그리고 문화, 교육과 같은 사회 전반의 시스템과도 연결됩니다.

독일의 정치학자인 막스 베버Max Weber는 『직업으로서의 정치』라는 책에서 정치를 '공동선을 위해 권력을 행사하는 것'이라고 정의하고, 정치가 직업으로서 갖는 의미와 특성을 분석합니다. 그는 정치가 다른 분야와 마찬가지로 전문적인 지식과 기술을 요구하는 분야라고 말합니다. 또한 정치는 공동선을 추구하기 위해 권력을 행사하는 것이므로, 정치인은 윤리적이고 도덕적인 행동을 해야 한다고 강조합니다. 특히 베버는 이 책에서 정치인에게 필요한 윤리와 자질로 '신념 윤리'와 '책임 윤리'를 언급합니다. 신념 윤리가 선과 악의 구별에서 도덕적 선을 선택하고 행동하는 태도를 말한다면, 책임 윤리는 정치적 선택의 결과에 대해 무제한적 책임을 지는 태도를 의미합니다. 그는 책임 윤리를 신념 윤리보다 우선해야 한다고 강조했고, 무책임성을 정치의 치명적인 죄악으로 파악했습니다.

여러분이 반드시 준수해야 할 책임은 무엇이라고 생각하나요? 그것이 왜 중요한가요? 이를 지키는 것은 왜 도덕적일까요?

도덕지능,
더 나은 존재가 되기 위한 여정

도덕지능은 무엇일까? 이를 정의하기 전에 우리는 도덕이 무엇인지 먼저 생각해 볼 필요가 있다. 보통 사람들에게 '도덕' 하면 가장 먼저 떠오르는 단어는 '좋음'과 '선'일 것이다. 그리고 많은 사람의 삶의 목표는 행복한 삶이다. 그런데 행복한 삶은 여러 각도에서 바라볼 수 있다. 그것은 성공하거나 출세한 삶일 수도 있으며, 때로 부귀영화를 누리는 삶일 수도 있다. 반대로 어떤 사람들은 이런 삶을 모두 덧없는 것이라고 여길지 모른다. 또 어떤 사람들은 이런 삶을 완전히 무시할 수 없다고 보기도 할 것이다.

도덕이 지향하는 바는 무엇인가? 인간의 여러 가지 욕구를 무시하고 수도승처럼 사는 것, 또는 수행하며 사는 것일까? 어떤 이들은 도덕이 문화나 시대 배경 같은 외부 요소에 의해 바뀐다는 도덕적 상대주의를 말하기도 한다. 다른 이들은 여러 가지 혼란스러운 해석에 휩쓸리기 전에 정론을 다져 놓아야 한다고 주장한다. 또 다른 이들은 추상성에 기대어 듣기에는 좋지만 실체가 없거나, 약속이나 책임 없는 그럴싸한 공허함만 외치기도 한다. 이러한 흐름 속에서 대다수의 현대인에게 도덕은 그저 고리타분한 것, 힘 없는 구호, 에티켓 목록, 그리고 때로는 프로파간다에 그치는 것이 되기도 한다.

도덕에 대한 이러한 혼란은 어디에서 비롯된 것일까? 우선 원칙의 부재나 유동성을 생각할 수 있다. 그렇다면 원칙은 어디에서 오는가? 앞서 언급한 '좋음'과 '선'의 의미로 돌아가 보자. 좋다는 말과 선하다는 말은 같은 말인가? 아마 반은 맞고 반은 아니라고 할 수 있다. 하지만 둘은 근본적으로 동일한 원형을 가졌다고 볼 수 있다. 우리에게, 그리고 우리 생명에게 좋음과 선함은 같은 뿌리요, 목표요, 결과일 것이다. 이를 기반으로 생각해 보면, 도덕은 우리 인생에서 서로 모순되어 충돌하면서도 많은 원칙을 생성하고 발전시켜 왔다. 그러한 원칙을 통해 무엇이 좋은 것인지, 또는 선한 것인지 제시하고, 더 나은 삶을 위한 등대, 나침판, 안내자의 역할을 해 왔다. 더 나은 삶에 대한 관심은 '나'에서 출발하여 가족과 친구, 공동체, 사회와 국가, 더 나아가 인간의 이성을 벗어난 세상으로까지 확장되었다. 도덕을 통한 더 나은 삶은 더 나은 사회, 세상을 만드는 데 기여했다. 이러한 차원에서 도덕은 인류와 함께 살아 온 생명체와 같다고 할 수 있다.

　도덕이 더 나은 것을 지향하는 무언가라면 이를 뒷받침해 주는 것은 도덕지능이 될 것이다. 도덕지능은 학습지능을 넘어 나와 주변, 그리고 세상의 맥락을 더 잘 알고 이해하며, 더 나은 삶과 목표를 위해 나아가게 하는 힘인 것이다. 도덕지능은 단순히 선함을 배우거나, 덕목을 학습하는 능력만을 뜻하지 않는다. 이는 선하고 더 나은 삶, 더 나은 무언가에 담긴 자유(의지)와 그에 따른 책임과 의무, 관대함과 배려의 총체이다. 이는 누군가에게는 궁극적으로 도달할 수 없는 목적이자 목표로 비칠 수 있다. 그것은 도덕지능이 궁극적으로 추구하는 이상향의 상태가 현재 우리의 모습과 거리가 멀게 느껴질 수 있기 때문이다. 마치 시시포스의 바위와 같을지도 모른다. 그러나 우리가 도덕지능을 통해 지향하는 것은 완전한 상태라기보다 지금보다는 좀 더 나은 도덕적 존재가 되는 것이다. 이러한 점에서 본다면, 도덕지능을 기르는 일은 더 나은 존재가 되기 위한 긴 여정이라 할 수 있다.

· 저자 후기 ·

도덕지능이 무엇인가라는 물음에 대한 답을 찾는 것은 교육자로서, 그리고 도덕교육학자로서 나의 오랜 과제 중 하나이다. 어쩌면 평생을 거쳐도 명쾌한 답변을 내놓기 어려운 난제일 수도 있겠다. 그럼에도 용기를 내어 『도덕지능 수업』이라는 제목의 책을 쓴 데는 몇 가지 이유가 있다.

첫째는 국내에서 '도덕지능'이라는 제목의 전문 학술서가 번역서 몇 권을 제외하고는 찾아보기 어렵다는 점 때문이다. 기존에 '도덕지능이 높은 아이로 자라는 초등인성수업' 시리즈를 출간한 바 있지만, 그 외에는 찾아보기 어렵다. 세 권의 책으로 되어 있는 이 시리즈는 가정생활, 학교생활, 사회생활에서 아이들이 맞닥뜨릴 수 있는 딜레마 상황을 다룬 에피소드로 구성되어 있다. 따라서 좀 더 '도덕지능'의 개념에 집중하여 이를 구체적이고 체계적으로 전개하는 전문 학술서를 집필하고 싶은 바람이 마음 한구석

에 늘 과제로 남아 있었다. 동
시에 명작 동화와 소설의 한 장
면을 활용해 아이들이 도덕적
상상을 해 볼 수 있었으면 했
다. 그래서 잘 알려진 작품을
중심으로 도덕지능의 구성 요

▲ 나르브아이스 교수(가운데)와 그녀의 남편 랩슬
리 교수와 함께 South Band에서

소를 구체적으로 체험할 수 있는 에피소드를 엮고 싶었다.

　둘째는 미국에서 연구년을 지내며 만난 여러 학자와의 학문적
소통을 나눈 일 덕분이다. 그들과 나눈 이야기는 아이들의 도덕
발달, 인격 발달을 위한 책이 국내에 절실히 필요함을 깨닫게 했
다. 예를 들면, 나르브아이스Darcia Narvaez 교수와 랩슬리Daniel Lapsley 교
수와의 교류는 내게 인사이트를 주었는데, 특히 나르브아이스 교
수와 나눈 대화는 ‘도덕지능이 무엇인가’를 형상화하는 데 큰 역
할을 했다. 이 책에서 다룬 ‘도덕지능’의 구성 요소를 구조화하는
데 그녀의 연구가 많은 영향을 주었음을 부인할 수 없다.

　셋째, 학계와 교육 현장뿐만 아니라, 학계와 교육 대상 간의 긴
밀한 연계의 절박함 때문이다. 이 점은 현장에서 직접 아이들을
교육하는 선생님과 아이를 양육하고 있는 부모님이 공감할 부분
이라 생각한다. 부연하면, 실제 아이들을 마주하고 교육 및 양육
하는 교사와 부모 모두 실질적으로 아이와 함께 읽고 생각할 수

있는 자료를 절실히 필요로 한다. 학계에서 학자들이 아무리 많은 논문과 연구 결과를 내놓더라도 이를 직접 아이들에게 적용하기 번거롭거나 어렵다면, 학계의 노력이 그저 탁상공론에 머물게 될 수도 있다는 게 안타까운 현실이다. 나 또한 도덕교육이라는 큰 주제로 오랜 기간 고심하면서 활용 자료에 대한 갈증을 늘 느끼고 있었다. 이 때문에 교사와 부모가 손쉽게 이용할 수 있으면서 아이들이 재미있게 읽을 수 있는 재료를 직접 제작해야겠다는 생각이 들었다. 그뿐만 아니라 역사 속에서 검증된 양질의 명작 속 등장인물에 아이들이 감정 이입할 수 있는 계기가 필요하다는 생각을 했다. 특히 이러한 아이디어 제공에 큰 기여를 한 것은 물론 한언출판사이다.

나는 도덕교육이 모든 교육의 근간이라 생각한다. 한 사람을 교육한다는 것은 곧 도덕적인 인간으로 길러냄을 의미한다고 자신한다. 그것은 교육이라는 것이 단순히 기술이나 지식의 전파에 머물지 않는다는 뜻이다. 교육은 한 인간의 전체적 변화를 유도하고, 인격을 형성하는 과업이며, 평생을 좌우하는 일이다. 따라서 중요한 것은 아이가 어떤 인간으로 태어났는가가 아니다. 어떤 인간으로 성장하는가이다. 다시 말하면, 우리가 아이들을 '어떤 인간으로 자라게 하고 싶은가'에 집중해야 한다.

우리는 지금 무엇을 해야 할까? 나는 아이들을 도덕지능이 높은 사람으로 성장시킬 과업이 우리 앞에 놓여 있다고 본다. 이러한 점에서 이 책이 부모님과 (예비) 선생님, 그리고 도덕지능에 관심 있는 모든 이에게, 특히 인생을 행복하게 살아야 할 모든 아이들에게 꼭 필요한 책이라 생각한다. 또한 이 책은 정치인과 법률가에게도 필독서가 되길 바란다. 국회의원으로서 입법부에 있는 정치인은 국민 전체의 행복의 총량을 극대화할 뿐만 아니라 국민 개개인의 입장을 헤아리는 법률을 제정해야 하기 때문이다. 이를 위해 국민은 입법가에게 반드시 도덕지능을 요구해야 할 것이다. 더욱이 이들에게 주어진 권리가 사적 이익을 도모하는 수단으로 도용되거나 전락하지 않도록 하기 위해서도 그렇다. 이는 법의 해석자나 집행자인 판사나 검사에게도 마찬가지라 생각한다.

끝으로 부족한 점이 많지만 이 책이 학계와 현장을 잇는 교각으로서 좋은 모델이 되길 바란다. 한국 교육계의 발전과 실제적인 아이들의 인격 발달을 위한 유용한 자료로 사용되길 희망한다.

서초동에서
박형빈

도덕지능 수업

함께 사는 세상에서 존경받는 사람으로 사는 법

1판 1쇄 발행 2023년 9월 1일

지은이 │ 박형빈
펴낸이 │ 김철종

펴낸곳 │ (주)한언
출판등록 │ 1983년 9월 30일 제1-128호
주소 │ 서울시 종로구 삼일대로 453(경운동) 2층
전화번호 │ 02)701-6911   팩스번호 │ 02)701-4449
전자우편 │ haneon@haneon.com

ISBN 978-89-5596-996-2 03190

만든 사람들
기획 · 총괄 │ 손성문
편집 │ 나수지
본문 디자인 │ 기민주
표지 디자인 │ 이찬미
표지 및 본문 일러스트 │ 이현지

한언의 사명선언문

Since 3rd day of January, 1998

Our Mission   – 우리는 새로운 지식을 창출, 전파하여 전 인류가 이를 공유케 함으로써 인류 문화의 발전과 행복에 이바지한다.

– 우리는 끊임없이 학습하는 조직으로서 자신과 조직의 발전을 위해 쉼 없이 노력하며, 궁극적으로는 세계적 콘텐츠 그룹을 지향한다.

– 우리는 정신적 · 물질적으로 최고 수준의 복지를 실현하기 위해 노력하 며, 명실공히 초일류 사원들의 집합체로서 부끄럼 없이 행동한다.

Our Vision   한언은 콘텐츠 기업의 선도적 성공 모델이 된다.

> 저희 한언인들은 위와 같은 사명을 항상 가슴속에 간직하고
> 좋은 책을 만들기 위해 최선을 다하고 있습니다.
> 독자 여러분의 아낌없는 충고와 격려를 부탁드립니다.
> · 한언 가족 ·

HanEon's Mission statement

Our Mission   – We create and broadcast new knowledge for the advancement and happiness of the whole human race.

– We do our best to improve ourselves and the organization, with the ultimate goal of striving to be the best content group in the world.

– We try to realize the highest quality of welfare system in both mental and physical ways and we behave in a manner that reflects our mission as proud members of HanEon Community.

Our Vision   HanEon will be the leading Success Model of the content group.